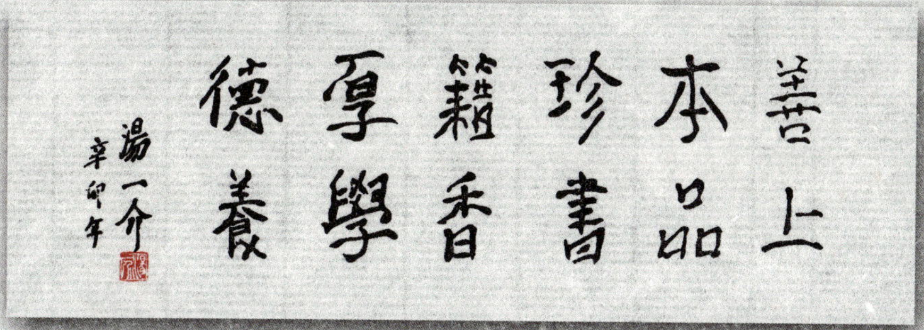

著名学者、北京大学资深教授 汤一介题

中国文化书院院长、北京大学教授 王守常题

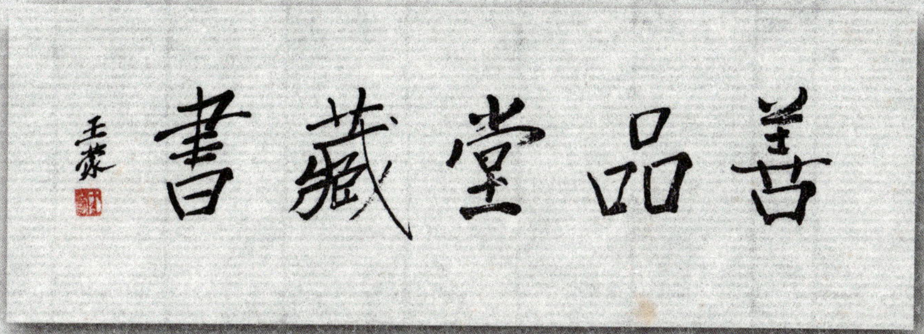

著名作家、文化部原部长 王蒙题

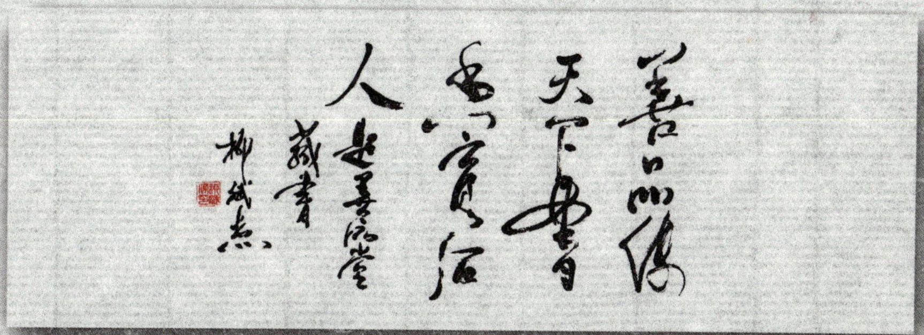

国家新闻出版总署原署长 柳斌杰题

善品堂藏書·熊伯齊·篆

图书在版编目（CIP）数据

《古文观止》精注精评：全4册 /（清）吴楚材，（清）吴调侯编著；申维注评．—北京：线装书局，2014.12

（国学精注精译精评文库 / 王守常主编）

ISBN 978-7-5120-1629-3

Ⅰ．①古…　Ⅱ．①吴…　②吴…　③申…　Ⅲ．①古典散文－散文集－中国　②《古文观止》－研究　Ⅳ．①H194.1

中国版本图书馆 CIP 数据核字（2014）第 272705 号

《古文观止》精注精评

编　著　（清）吴楚材　吴调侯
注评者　申　维
责任编辑　肖玉平　宁　静
策　划　善品堂藏书
出版发行　线装书局
地　址　北京市西城区鼓楼西大街四一号
邮　编　一〇〇〇〇九
电　话　六四〇四五二八三
网　址　www.xzhbc.com
印　刷　杭州名典印务有限公司
字　数　三一二千字
印　张　一〇一点五
版　次　二〇一四年十二月第一版第一次印刷
印　数　一〇〇〇套
定　价　九六〇元（一函四册）

ISBN 978-7-5120-1629-3

9 787512 016293

国学精注精译精评文库

古文观止 精注精评

（清）吴楚材　吴调侯　编著

申维　注评

线装書局

古文观止 精注精评

申维简介

申维，一九六四年生，江苏扬州人。中国作家协会会员，中国微电影研究院研究员，扬州职业大学副教授，文化研究所所长。主要作品有：长篇小说《我们的那个年代》《狼狈不堪的生活》《爱情乞丐》《一场风花雪月的梦》《北京私秘》等，中短篇小说《第六代》《红旗大队》《东方红小学》《碰撞》等。其中，《我们的那个年代》获『五个一』工程奖，《第六代》获首届『北京文学』奖等。编剧：电视连续剧《扬州美女》《王阳明传奇》，电影《凤凰》《灭口》等。

《国学精注精译精评文库》总序

三十年来改革开放，经济的发展，物质财富的快速增长，使越来越多的中国人开始了小康生活。然而，建设中华民族共有的精神家园的任务越来越紧迫，一个古老的人生哲学命题又显现在人们的面前：我从哪里来？到哪里去？如何生活才能幸福？

这是一个人生观和宇宙观问题，也是中华民族在其文化历史进程中的规范认同问题。如『仁者爱人』、『天下为公』、『吾日三省吾身』、『德不孤必有邻』、『言必信，行必果』等观念都是中国人注重修养人格的价值来源。基本道德规范是支撑一个社会发展的重要基础。中华民族的一个重要传统就是重视基本道德规范与基本道德秩序，这是当今社会重构价值观念的资源。中华民族在其数千年生活中也融会其他民族智慧并向人类社会提供了有益的价值观念，如『己所不欲，勿施于人』已成为当今世界文明对话的伦理基础。

中华民族数千年来生生不息的精神追求所铸造的思维方法与价值观念是当代中国发展的资源。历史的昭示：一个民族文化的成长，要大胆向外族文化学习的同时不要忘记本民族的历史文化。『返本开新』应该是我们的文化战略选择。

中华民族几千年璀璨的文明史，积淀了许多为历代中国人所尊崇的奇葩瑰宝。《周易》《老子》《孙子》《论语》《大学》《中庸》《孟子》《楚辞》《坛经》《颜氏家训》《阴符经》《贞观政要》《通书》《近思录》《弟子规》《三字经》《忍经》《菜根谭》《曾国藩家书》等国学经典，都从不同的高度、角度告诉我们应该如何为人、做事，『志士不饮盗泉之水』、『廉者不受嗟来之食』、『与人为善』、『与物为春』、『以人为本』、『助人为乐』、『扶贫济困』等训诫构成了中华传统美德博大精深的完备系统。这些传世文献是弘扬中华民族精神、建设中国人共有的精神家园的珍贵文献。

时下，中国社会出现『国学热』，各种讲国学常识和名家讲国学的读物不难找到。但是，审视历代留下各类注本难易参差，亦有注疏错误，尤其新近翻刻出版的国学书籍还无法满足读者的要求，注译精良、讲解恰当而适合社会各界人士学习的国学精注精译精解类书籍又少之又少。为了适应这

前言

《古文观止》是一部供学塾使用的文学读本，由清代私塾教师吴乘权、吴调侯叔侄编成，由乘权伯父吴兴祚审定并作序，序言中称『以此正蒙养而裨后学』，康熙三十四年（一六九五年）正式镌版印刷。『观止』一词表示『文集所收录的文章代表文言文的最高水平』，学习文言文至此观止矣。

该书以历史时代为经，以作家为纬，将众多优秀作家的代表性作品依次编录，由此可以纵观古文发展的源流，也可以分析各个作家的不同风格。该书广收博采，繁简适中，所收文章以散文为主，兼收韵文、骈文。散文或记人或记事，有议论有寓言，丰富多彩，多是传诵千古的名篇。先秦选的最多的是《左传》，汉代选得最多的是《史记》，唐宋时代选得最多的是韩愈、柳宗元、欧阳修、苏轼的文章。韵文如《楚辞·卜居》，陶渊明《归去来辞》，杜牧《阿房宫赋》等，都是『极声貌而穷文』之作，工于描绘，描绘中虽用韵语，但与诗不同，往往韵散结合，来加强声情之美。

三百多年来，此书流传极广，影响极大，在诸多古文选本中独树一帜，鲁迅先生认为它和《昭明文选》一样，『在文学上的影响，两者都一样的不可轻视』。

《古文观止》精注精评

目录

卷八　唐文……四四五

古文观止 精注精评

卷十一 宋文

郑伯克段于鄢（《左传》）

初①，郑武公②娶于申③，曰武姜④。生庄公⑤及共叔段⑥。庄公寤生⑦，惊姜氏，故名曰「寤生」，遂恶⑧之。爱共叔段，欲立之，亟⑨请于武公，公弗许。及庄公即位，为之请制⑩。公曰：「制，岩邑⑪也，虢叔⑫死焉，佗⑬邑唯命⑭。」请京⑮，使居之，谓之「京城大叔」。

祭仲曰⑯：「都，城过百雉⑰，国之害也。先王之制：大都，不过参⑱国⑲之一；中，五之一；小，九之一。今京不度，非制也，君将不堪⑳。」公曰：「姜氏欲之，焉辟㉑害？」对曰：「姜氏何厌之有㉒？不如早为之所㉓，无使滋蔓。蔓，难图也。蔓草犹不可除，况君之宠弟乎？」公曰：「多行不义，必自毙，子姑待之。」

既而大叔命西鄙㉔、北鄙贰于己㉕。公子吕㉖曰：「国不堪贰，君将若之何㉗？欲与大叔，臣请事之；若弗与，则请除之，无生民心。」公曰：「无庸㉘，将自及。」大叔又收贰以为己邑，至于廪延㉙。子封曰：「可矣。厚将得众。」公曰：「不义不昵㉚，厚将崩。」

大叔完㉛聚，缮甲兵，具卒乘，将袭郑。夫人㉜将启之㉝。公闻其期，曰：「可矣！」命子封帅车二百乘以伐京。京叛大叔段。段入于鄢㉞。公伐诸鄢。五月辛丑㉟，大叔出奔共。

书曰：「郑伯克段于鄢。」段不弟，故不言弟。如二君，故曰克。称郑伯，讥失教也。谓之郑志，不言出奔，难之也。

遂置姜氏于城颍，而誓之曰：「不及黄泉，无相见也㊱。」既而悔之。

颍考叔㊲为颍谷封人，闻之，有献于公。公赐之食。食舍肉㊳。公问之，对曰：「小人有母，皆尝君之羹㊴。请以遗之。」公曰：「尔有母遗，繄㊵我独无！」颍考叔曰：「敢问何谓也？」公语之故，且告之悔。对曰：「君何患焉？若阙㊶地及泉，隧㊷而相见，其谁曰不然？」公从之。公入而赋㊸：「大隧之中，其乐也融融㊹！」姜出而赋：「大隧之外，其乐也泄泄㊺！」遂为母子如初。

君子㊻曰：「颍考叔，纯孝也。爱其母，施㊼及庄公。《诗》曰：『孝子不匮，永锡尔类㊽。』其是之谓乎？」

注释

① 初：当初，从前。故事开头时用语。

② 郑武公：春秋时诸侯国郑国（在今河南新郑）国君，姓姬，名掘突，武为谥号。

③ 申：诸侯国名，在今河南南阳，姜姓。

④ 武姜：武谥郑武公谥号，姜谥娘家姓。

⑤ 庄公：即郑庄公。

⑥共叔段：共是国名，叔为兄弟排行居后，段是名。

⑦寤生：逆生，倒生，即难产。

⑧恶：不喜欢。

⑨亟：多次，屡次。

⑩制：郑国邑名，在今河南荥阳县虎牢关。

⑪岩邑：险要的城邑。

⑫虢叔：东虢国国君。

⑬佗：同『他』。

⑭唯命：『唯命是从』的省略。

⑮京：郑国邑名，在今河南荥阳县东南。

⑯祭仲：郑国大夫，字足。

⑰雉：古时建筑计量单位，长三丈，高一丈。

⑱参：同『三』。

⑲国：国都。

⑳堪：经受得起。

㉑辟：同『避』。

㉒何厌之有：有何厌。厌，满足。

㉓所：安置，处理。

㉔鄙：边境上的邑。

㉕贰于己：同时属于庄公和自己。

㉖公子吕：郑国大夫，字子封。

㉗若之何：对他怎么办。

㉘庸：用。

㉙廪延：郑国邑名，在今河南延津北。

㉚昵：亲近。

㉛完：修缮。

㉜夫人：指武姜。

㉝启之：为他打开城门。

㉞鄢：郑国邑名，在陵境内。

㉟五月辛丑：五月二十三日，古人记日用天干和地支搭配。

㊱黄泉：黄土下的泉水。这里指墓穴。

㊲颍考叔：郑国大夫。

㊳舍肉：把肉放在旁边不吃。

㊴羹：调和五味做成的带汁的肉。

㊵繄：语气助词。没有实义。

㊶阙：同「掘」，挖。

㊷隧：地道。这里的意思是挖隧道。

㊸赋：指做诗。

㊹融融：快乐自得的样子。

㊺泄泄：快乐舒畅的样子。

㊻君子：作者自托。《左传》作者常用这种方式发表评论。

㊼施：延及，扩展。

㊽孝子不匮，永锡尔类：这两句诗出自《诗·大雅·既醉》。匮，穷尽。锡，同「赐」，给予。

点评

这是一个古老的兄弟相争的故事，兄弟为权位相争。春秋战国时代，礼崩乐坏，按照《周礼》，嫡长子是王位当然的继承者，这样郑庄公就代表了正义一方，而共叔段夺取王位的图谋，便是非分之想，为非正义一方。这篇文章文字简洁凝练，故事性很强。共叔段图谋不轨时，读者心生悬念，而郑庄公从容镇定，对一切都成竹在胸。郑庄公与母亲黄泉相见，又让人心生悲戚。权利之争，竟让兄弟相残，母子不相认，出乎人之常情。这也是全文中最让人唏嘘之处。

周郑交质（《左传》）

郑武公、庄公为平王卿士①。王贰于虢②，郑伯怨王。王曰：「无之。」故周郑交质③。王子狐④为质于郑，郑公子忽⑤为质于周。

王崩⑥，周人将畀⑦虢公政。四月，郑祭足⑧帅师取温⑨之麦。秋，又取成周⑩之禾。周郑交恶。

君子曰：「信不由中⑪，质无益也。明恕⑫而行，要⑬之以礼，虽无有质，谁能间⑭之？苟有明信⑮，涧溪沼沚⑯之毛⑰，苹蘩⑱蕴藻⑲之菜，筐筥⑳锜釜㉑之器，潢污㉒行潦㉓之水，可荐㉔于鬼神，可羞㉕于王公，而况君子结二国之信，行之以礼，又焉用质？《风》有《采蘩》《采苹》㉖，《雅》有《行苇》《泂酌》㉗，《诗》：昭㉘忠信也。」

注释

①卿士：周朝执政官。

②贰于虢：二心，这里有「偏重」的意思。此指平王想把政权一部分让虢执掌。虢，指西虢公，周王室卿士。

③交质：交换人质。

④王子狐：周王平的儿子。

⑤公子忽：郑庄公太子，后即位为昭公。

⑥崩：去世。

⑦畀：交给。

⑧祭足：即祭仲，郑大夫。

⑨温：周朝小国，在今河南温县南。

⑩成周：周地，在今河南洛阳市东。

⑪中：同『衷』，内心。

⑫明恕：互相体谅。

⑬要：约束。

⑭间：离间。

⑮明信：彼此了解，坦诚相待。

⑯沼沚：小池塘。

⑰毛：野草。

⑱苹蘩：水生植物，即浮萍和白蒿。

⑲蕴藻：一种聚生的藻类。

⑳筐筥：竹制容器，方为筐，圆为筥。

㉑锜釜：饮具，有角为锜，无角为釜。

㉒潢污：水池积水。

㉓行潦：流动的积水。

㉔荐：享祭，祭祀。

㉕羞：进奉。

㉖《采蘩》《采苹》：均为《诗·召南》篇名，写妇女采集野菜以供祭祀。

㉗《行苇》《泂酌》：均为《诗·大雅》篇名，前者写周祖先宴享先人仁德，歌颂忠厚。后者写汲取行潦之水供宴享。

㉘昭：表明。

点评

寥寥数十字，就把春秋初期周王室和它的同姓诸侯国微妙关系揭示出来。日渐衰微的周王室为了防止郑庄公独揽朝政，就想分政给另一个姬姓国国君虢公，以保持政权的平衡。然而，郑庄公不买周平王的账，对周平王准备采取的这一举措怨恨不已。尤其值得玩味的是，为了达成妥协，作为天子的周平王和作为诸侯国国君的郑庄公，居然采用了进入春秋时代以后各诸侯国间普遍采用的一种外交手段，即交换质子。利益和权力的根本矛盾，导致社会冲突。质子只是形式，最终还是走向交恶。『礼崩乐坏』的春秋时代，就很难看到各诸侯国『要之以礼』并『行之以礼』的事情了。

石碏谏宠州吁（《左传》）

卫①庄公娶于齐②东宫得臣之妹，曰庄姜。美而无子，卫人所为赋《硕人》也③。又娶于陈④，曰厉妫。生孝伯，蚤⑤死。其娣⑥戴妫生桓公⑦，庄姜以为己子。

公子州吁，嬖人⑧之子也。有宠而好兵，公弗禁，庄姜恶之。

石碏⑨谏曰：『臣闻爱子，教之以义方⑩，弗纳于邪。骄奢淫佚，所自邪也。四者之来，宠禄过也。将立州吁，乃定之矣；若犹未也，阶⑪之为祸。夫宠而不骄，骄而能降，降而不憾，憾而能眕⑫者，鲜矣。且夫贱妨贵，少陵⑬长，远间亲，新间旧，小加大，淫破义，所谓六逆也。君义，臣行，父慈，子孝，兄爱，弟敬，所谓六顺也。去顺效逆，所以速祸也。君人者，将祸是务去，而速之，无乃不可乎？』弗听。其子厚与州吁游，禁之，不可。桓公立，乃老⑭。

注释

①卫：国名，姬姓，在今河南淇县一带。

②齐：国名，姜姓，在今山东北部、中部地区。

③硕人：典出《诗经·卫风》中的一篇，乃歌颂庄姜美丽的诗篇。

④陈：国名，妫姓，在今河南东部及安徽西部。

⑤蚤：通『早』。

⑥娣：妹。古时诸侯娶妻，妹可随姊同嫁。

⑦桓公：名完，在位十六年，后为州吁所杀。

⑧嬖人：妾。

⑨石碏：卫国大夫。

⑩义方：为人行事的规范。

⑪阶：酿成。

⑫眕：安重能忍。

⑬陵：欺侮。

⑭老：告老致仕。

点评

石碏之悲，面对国君的家事，如何爱子，不单是一家之事，更关系到国家的安危。无论直谏者语言如何超妙，却也不能说动糊涂的主人。石碏开门见山，提出『爱子』应『教之以义方，弗纳于邪』。接着指出『骄、奢、淫、佚』四种恶习的养成，则是为人君为人父溺爱所致。断定州吁将来必反，又根据传统的伦理关系和社会规范，总括出『六逆』和『六顺』，提醒庄公。庄公弗听。再说石大夫自己吧，儿子厚竟也与州吁交结，而石大夫也无法制止，只能告老还乡，退出政治舞台。

臧僖伯谏观鱼（《左传》）

春，公①将如棠②观鱼③者。

臧僖伯④谏曰：『凡物不足以讲大事⑤，其材不足以备器用，则君不举焉。君将纳民⑥于轨物者也⑦。故讲事以度，轨量谓之轨。取材以章物采谓之物。不轨不物，谓之乱政。乱政亟⑧行，所以败也。故春蒐⑨夏苗、秋狝、冬狩，皆于农隙以讲事也。三年而治兵⑩，入而振旅⑪。归而饮至⑫，以数军实。昭文章⑬，明贵贱，辨等列，顺少长，习威仪也。鸟兽之肉不登于俎⑭，皮革、齿牙、骨角、毛羽不登于器，则君不射，古之制也。若夫山林、川泽之实，器用之资，皂隶⑮之事，官司之守，非君所及也。』

公曰：『吾将略地⑯焉。』遂往，陈鱼而观之。僖伯称疾不从。

书曰『公矢鱼于棠。』⑰非礼也，且言远地也。

注释

① 公：指鲁隐公，前七二二年至前七一二年在位。

② 棠：也写作唐，邑名，在今山东鱼台县东北。

③ 鱼：通『渔』，动词，捕鱼。

④ 臧僖伯：鲁孝公之子、鲁惠公之兄、鲁隐公之伯父，名弨，字子臧，封于臧（今郯城县），伯为排行，僖是谥号。

⑤ 大事：指祭祀和军事活动。

⑥ 纳民：使人民……纳。

⑦ 轨物：法度礼制。

⑧ 亟：屡次。

⑨ 蒐：同『搜』，『蒐』和下文的『苗』『狝』『狩』，分别为春夏秋冬四季狩猎的称谓。蒐，蒐索，猎取没有怀胎的禽兽；苗，猎取残害庄稼的禽兽；狝，可杀伤禽兽；狩，围猎，不加区分，都可猎取。

⑩ 治兵：外出整治训练军队。

⑪ 振旅：整顿部队。

⑫ 饮至：诸侯朝拜、会盟、征伐完毕，在宗庙饮酒庆贺的一种仪式。

⑬ 文章：服饰、旌旗等的颜色花纹。

⑭ 俎：祭祀用的礼器。
⑮ 皂隶：古代对贱役的称呼，这里泛指地位低下的人。
⑯ 略地：巡视边境。
⑰ 矢：通『施』，实施，陈设。全句为《春秋·隐公元年》首句。

点评

臧僖伯之所以谏阻隐公到棠地观鱼，是因为隐公这一活动，不符合当时国君之礼。君的行为不合礼制，就会『乱政』；而屡屡『乱政』，就会导致国家的败亡。隐公远离国都，到棠地观鱼，其实是一种娱乐活动。也正因为如此，他才不敢对臧僖伯的谏言说一个『不』字，最后不得不以『吾将略地焉』为借口，自圆其说。这篇谏辞的最大特点，紧紧围绕着『礼』字展开劝谏，从观点到为阐明观点所举述的诸多论据，都没有稍稍离开这个『礼』字。

郑庄公戒饬守臣（《左传》）

秋七月，公①会齐侯②、郑伯③伐许④。庚辰，傅⑤于许。颍考叔取郑伯之旗蝥弧⑥以先登，子都⑦自下射之，颠。瑕叔盈⑧又以蝥弧登，周麾而呼曰：『君登矣！』郑师毕登。壬午，遂入许。许庄公奔卫。齐侯以许让公。公曰：『君谓许不共⑨，故从君讨之。许既伏其罪矣。虽君有命，寡人弗敢与闻。』乃与郑人。

郑伯使许大夫百里⑩奉许叔⑪以居许东偏，曰：『天祸许国，鬼神实不逞于许君，而假手于我寡人，寡人唯是一二父兄⑫不能共亿⑬，其敢以许自为功乎？寡人有弟，不能和协，而使糊其口于四方，其况能久有许乎？吾子⑭其奉许叔以抚柔此民也，吾将使获⑮也佐吾子。若寡人得没⑯于地，天其以礼悔祸于许，无宁兹许公复奉其社稷，唯我郑国之有请谒焉，如旧昏媾⑰，其能降以相从也。无滋他族实逼处此，以与我郑国争此土也。吾子孙其覆亡之不暇，而况能禋祀⑱许乎？寡人之使吾子处此，不惟许国之为，亦聊以固吾圉⑲也。』乃使公孙获处许西偏，曰：『凡而⑳器用财贿㉑，无置于许。我死，乃亟㉒去之！吾先君新邑于此，王室而既卑矣，周之子孙日失其序㉓。夫许，大岳㉔之胤㉕也。天而既厌周德矣，吾其能与许争乎？』

君子谓郑庄公『于是乎有礼。礼，经㉖国家，定社稷，序人民，利后嗣者也。许，无刑而伐之，服而舍之，度德而处之，量力而行之，相时而动，无累后人，可谓知礼矣。』

注释

① 公：鲁隐公。
② 齐侯：齐僖公。
③ 郑伯：郑庄公。
④ 许：国名，在今河南许昌县。
⑤ 傅：同『附』，靠近。

⑥蝥弧：旗名。

⑦子都：郑国大夫。子都与颍考叔有争车之怨，故射之以报怨。

⑧瑕叔盈：郑国大夫。

⑨共：同「供」。

⑩百里：许国大夫。

⑪许叔：许庄公之弟。

⑫父兄：父老兄弟。指同姓臣子。

⑬共亿：相安无事。

⑭吾子：二人谈话时对对方的敬称。

⑮获：指郑国大夫公孙获。

⑯没：通「殁」。

⑰昏媾：昏，通「婚」，婚姻，结亲。

⑱禋祀：祭天神之礼。

⑲圉：边境。

⑳而：代词，你，你的。

㉑贿：货财。金玉称货，布帛称贿。

㉒乃：汝，你。

㉓序：同「绩」，前人的功业。

㉔大岳：传说尧舜时的四方部落首领。

㉕胤：后嗣。

㉖经：治理。

点评

战争的根本问题是战争的目的性，这是一个战胜国如何对待战败国的问题。郑庄公征服许国，并非为占有他国土地，还原战争的目的，是征讨非礼和不义。礼制是可以治理国家，稳定政权，安抚百姓，并有利于后世子孙的。不守法度就去讨伐它，伏罪了就宽恕它，度量自己的德行去处理问题，估量自己的实力去行事，看清形势而后行动，不连累后人，所以郑国对许国的做法，可以说是符合礼的。

臧哀伯谏纳郜鼎①（《左传》）

夏四月②，取郜大鼎于宋，纳于大庙。非礼也。

臧哀伯③谏曰，君人者，将昭德塞违④，以临照⑤百官，犹惧或失之。故昭令德，以示子孙。是以清庙⑥

茅屋⑦，大路越席⑧，大羹不致⑨，粢⑩食不凿⑪，昭其俭也。衮冕⑫黻珽⑬，带裳⑭幅舄⑮，衡⑯纨⑰纮⑱綖⑲，昭其度也。藻率⑳鞞鞛㉑，鞶厉㉒游缨㉓，昭其数也。火龙黼㉔黻㉕，昭其文也。五色比象㉖，昭其物也。钖鸾㉗和铃，昭其声也。三辰旂旗，昭其明也。夫德，俭而有度，登降有数，文物以纪之，声明以发之，以临照百官，百官于是乎戒惧，而不敢易纪律。今灭德立违，而置其赂器于大庙，以明示百官。百官象之，其又何诛㉘焉？国家之败，由官邪也。官之失德，宠赂章也。郜鼎在庙，章孰甚焉？武王克商，迁九鼎㉙于雒㉚邑，义士犹或非之，而况将昭违乱之赂器于大庙，其若之何？公不听。

周内史闻之曰：臧孙达㉛其有后于鲁乎。君违，不忘谏之以德。

注释

①宋国太宰华督弑殇公，拥立公子冯，害怕诸侯来讨伐，所以大肆贿赂诸国。鲁国得到的就是郜国的鼎。郜鼎本于宋灭郜时没入宋国，已经是非礼之物。

②夏四月：指鲁桓公二年（前七一〇年）夏季四月。

③臧哀伯：鲁国大夫，又名臧孙达，是臧僖伯之子。

④昭德塞违：显扬道德，防止邪恶。

⑤临照：本谓天日之照耀。多喻指君王的仪范或恩德。

⑥清庙：肃然清净的庙，即太庙，古代帝王的宗庙。

⑦茅屋：以茅草装饰庙的屋顶。

⑧越席：结蒲为席。

⑨不致：不用五味调和汤羹，崇尚清淡。

⑩粢：谷物的总称。

⑪凿：粳米，一石舂为八斗。

⑫衮冕：古代官员的礼服帽子。

⑬黻珽：蔽膝和玉笏。

⑭带裳：皮带和下裳。

⑮幅舄：绑腿和鞋。

⑯衡：结冠冕于发髻上的横簪。

⑰纨：帽上的垂物。

⑱纮：帽带，绑在下巴上的带子。

⑲綖：帽子上的装饰。

⑳藻率：玉垫，外包熟皮，绘水藻图形。

㉑鞞鞛：刀鞘上下端的饰物。

㉒鞶厉：束腰的皮带和皮带下垂的部分。

㉓游缨：旌旗末尾的垂饰和马胸前下垂的饰物。

㉔黼：礼服上绣的黑白相间如斧形的花纹。

㉕黻：礼服上绣的黑青相间如龙形的花纹。

㉖五色比象：车服器械的五种色彩，是用来比拟天地四方的。

㉗钖鸾：马额上的金属铃铛饰物和马嚼子上的铃铛。

㉘诛：责备，谴责。

㉙九鼎：相传夏禹所铸的九鼎。

㉚雒：同「洛」。洛邑，西周的东都，在今河南洛阳。

㉛臧孙达：臧哀伯，即姬达。

点评

本文批评鲁桓公「取郜大鼎于宋」并「纳于大庙」之「非礼」。谏辞以高屋建瓴之势，首先提出「君人者」最根本的职责是「昭德塞违，以临照百官」；接着就从礼制这个大视角，连用七个排比句，从七个方面，即「昭其俭」、「昭其度」、「昭其数」、「昭其文」、「昭其物」、「昭其声」、「昭其明」，来阐明君主如何体现和落实这一根本社会责任；然后，话锋一转，才落到桓公「纳郜鼎」这件「灭德立违」的事情上来。如此行文，条理清楚，层次分明，结构谨严，具有很强的逻辑性，而且气势显得特别恢弘，具有极强的艺术感染力。结束语所言：「国家之败，由官邪也；官之失德，宠赂章也」直到今天，仍有很好的垂诫和警示作用。

季梁谏追楚师（《左传》）

楚①武王侵随②，使薳章③求成焉，军于瑕④以待之。随人使少师董⑤成。

斗伯比⑥言于楚子⑦曰：「吾不得志于汉东⑧也，我则使然⑨。我张吾三军而被吾甲兵，以武临之，彼则惧而协以谋我，故难间也。汉东之国，随为大。随张，必弃小国。小国离，楚之利也。少师侈，请羸师⑩以张之。」熊率且比⑪曰：「季梁⑫在，何益？」斗伯比曰：「以为后图。少师得其君。」

王毁军而纳少师。少师归，请追楚师。随侯将许之。

季梁止之曰：「天方授楚⑬。楚之羸，其诱我也，君何急焉？臣闻小之能敌大也，小道大淫。所谓道，忠于民而信于神也。上思利民，忠也；祝史⑭正辞，信也。今民馁而君逞欲，祝史矫举以祭，臣不知其可也。」

公曰：「吾牲牷⑮肥腯，粢盛⑯丰备，何则不信？」对曰：「夫民，神之主也。是以圣王先成民，而后致力于神。故奉牲以告曰：『博硕肥腯。』谓民力之普存也，谓其畜之硕大蕃滋也，谓其不疾瘯蠡⑰也，谓其备腯咸有也。奉盛以告曰：『洁粢丰盛。』谓其三时⑱不害而民和年丰也。奉酒醴⑲以告曰：『嘉栗旨⑳酒。』谓其上下皆有嘉德而无违心也。所谓馨香，无谗慝㉑也。故务其三时，修其五教㉒，亲其九族㉓，以致其禋祀㉔。于是乎民和而神降之福，故动则有成。今民各有心，而鬼神乏主，君虽独丰，其何福之有？君姑修政而亲兄弟之国，庶免于难。」随侯惧而修政，楚不敢伐。

注释

①楚：芈姓国。西周时立国于荆山一带。周成王封其首领熊绎以子男之田，为楚受封的开始。后来楚国自称王，与周处于对立地位。楚武王为楚国第十七代君。楚也称荆。

②随：姬姓，在今湖北随县。

③薳章：楚大夫。

④瑕：随地，在今湖北随县境。

⑤董：主持。

⑥斗伯比：楚大夫。

⑦楚子：指楚武王。因楚为子爵，故称楚子。

⑧汉东：指汉水以东的小国。

⑨我则使然：是我们自己造成的。

⑩羸师：故意使军队装作衰弱。羸：使……瘦弱。

⑪熊率且比：楚大夫。

⑫季梁：随国的贤臣。

⑬授：赋予。楚强盛，古人认为天意如此。

⑭祝史：管理祭祀的官吏。

⑮牲牷：纯色而完整的牛、羊、猪。

⑯粢盛：盛在祭器里供神用的谷物。黍、稷叫粢，装进器皿之后叫盛。

⑰瘯蠡：六畜所患皮肤病。

⑱三时：指春、夏、秋三个农忙季节。

⑲醴：甜酒。

⑳旨：美味。或说，栗是新收获的粮食。

㉑慝：邪恶。

㉒五教：指父义、母慈、兄友、弟恭、子孝。

㉓九族：上自高、曾、祖、父，下至子、孙、曾、玄，加上本身。另一说，父族四代，母族三代，妻族二代，合为九族。

㉔禋祀：诚心祭祀。

点评

民心才是决定战争胜败的所在。『忠于民而信于神』，是本篇的主旨。季梁说：『民，神之主也。』本篇虽说是战争的谋略之争，但体现出的是季梁所说的民本主义思想。特别是这种思想对神本主义的超越。民是主体，神是附属。『圣王先成民而后致力于神』。

曹刿论战（《左传》）

十年①春，齐师伐我②。公③将战。曹刿请见。其乡人曰：『肉食者④谋之，又何间⑤焉？』刿曰：『肉食者鄙，未能远谋。』乃入见。问：『何以战⑥？』公曰：『衣食所安⑦，弗敢专⑧也，必以分人。』对曰：『小惠未徧⑨，民弗从也。』公曰：『牺牲玉帛⑩，弗敢加⑪也，必以信。』对曰：『小信未孚⑫，神弗福⑬也。』公曰：『小大之狱⑭，虽不能察，必以情。』对曰：『忠之属也，可以一战。战则请从。』

公与之乘。战于长勺⑮。公将鼓⑯之，刿曰：『未可。』齐人三鼓，刿曰：『可矣。』齐师败绩。公将驰⑰之。刿曰：『未可。』下视其辙⑱，登轼⑲而望之，曰：『可矣。』遂逐齐师。

既克，公问其故。对曰：『夫战，勇气也，一鼓作气，再而衰，三而竭，彼竭我盈⑳，故克之。夫大国难测也，惧有伏焉。吾视其辙乱，望其旗靡，故逐之。』

注释

①十年：鲁庄公十年（前六八四年）。
②我：指鲁国。《左传》传为鲁国史官而作，故称鲁国为『我』。
③公：鲁庄公。
④肉食者：吃肉的人，指居高位，得厚禄的人。
⑤间：参与。
⑥何以战：即『以何战』，凭什么作战。
⑦衣食所安：衣食这类养生的东西。
⑧专：独自享有。
⑨徧：同『遍』，遍及，普遍。
⑩牺牲玉帛：古代祭祀用的祭品。牺牲，指猪、牛、羊等。玉帛，玉石、丝织品。
⑪加：虚夸，这里是说以少报多。
⑫孚：诚信感人。
⑬福：作动词，赐福，保佑。
⑭狱：诉讼案件。

⑮长勺：鲁国地名，在今山东曲阜县北。
⑯鼓：作动词，击鼓进军。
⑰驰：驱车（追赶）。
⑱辙：车轮滚过地面留下的痕迹。
⑲轼：古代车厢前边的横木，供乘车人扶手用。
⑳盈：充沛，旺盛。

点评

曹刿向鲁庄公献策，终于在长勺之战中，使弱小的鲁国击败了强大的齐国的进攻，反映了曹刿的政治远见和卓越的军事才能。本文意在表现曹刿的『远谋』，故紧紧围绕『论战』来选取材料。第一段通过曹刿与鲁庄公的对话，强调人心向背是决定战争胜负的首要条件，突出了曹刿『取信于民』的战略思想；第二段简述曹刿指挥鲁军进行反攻、追击和最后取得胜利的过程，显示曹刿的军事指挥才能，为下文分析取胜原因作伏笔；第三段论述取胜的原因，突出曹刿善于抓住战机，谨慎而又果断的战术思想。全文叙事清楚，详略得当，人物对话准确生动，要言不烦。

齐桓公伐楚盟屈完（《左传》）

四年春，齐侯以诸侯之师①侵蔡②，蔡溃，遂伐楚。

楚子③使与师言曰：『君处北海④，寡人处南海，唯是风⑤马牛不相及也。不虞⑥君之涉吾地也，何故？』

管仲对曰：『昔召康公⑦命我先君大公⑧曰：「五侯⑨九伯⑩，女实征之⑪，以夹辅周室。」赐我先君履⑫：东至于海⑬，西至于河⑭，南至于穆陵⑮，北至于无棣⑯。尔贡包茅⑰不入，王祭不共⑱，无以缩酒⑲，寡人是征⑳；昭王㉑南征而不复，寡人是问。』对曰：『贡之不入，寡君之罪也，敢不共给？昭王不复，君其问诸水滨。』师进，次㉒于陉㉓。

夏，楚子使屈完㉔如师。师退，次于召陵㉕。

齐侯陈诸侯之师，与屈完乘而观之。齐侯曰：『岂不谷㉖是为？先君之好是继。与不谷同好，如何？』对曰：『君惠㉗徼福于敝邑㉘之社稷，辱㉙收寡君，寡君之愿也。』齐侯曰：『以此众战，谁能御之！以此攻城，何城不克！』对曰：『君若以德绥㉚诸侯，谁敢不服？君若以力，楚国方城㉛以为城，汉水以为池，虽众，无所用之！』

屈完及诸侯盟㉜。

注释

①诸侯之师：指参与侵蔡的鲁、宋、陈、卫、郑、许、曹等诸侯国的军队。
②蔡：诸侯国名，姬姓，在今河南上蔡、新蔡一带。
③楚子：指楚成王。

④北海：泛指北方边远的地方，不实指大海。南海与此同。

⑤风：公畜和母畜在发情期相互追逐引诱。

⑥不虞：不料，没有想到。

⑦召康公：召公奭，周成王时的太保，『康』是谥号。

⑧大公：太公，指姜尚，他是齐国的开国君主。

⑨五侯：公、侯、伯、子、男五等爵位的诸侯。

⑩九伯：九州的长官。五侯九伯泛指各国诸侯。

⑪实征之：可以征伐他们。

⑫履：践踏。这里指齐国可以征伐的范围。

⑬海：指渤海和黄海。

⑭河：黄河。

⑮穆陵：地名，在今湖北麻城北的穆陵山。

⑯无棣：齐地，在今山东无棣。

⑰包茅：裹束菁茅。

⑱共：同『供』，供给。

⑲缩酒：渗滤酒渣。

⑳是征：征取这种贡物。

㉑昭王：周成王的孙子周昭王。

㉒次：军队临时驻扎。

㉓陉：楚国地名。

㉔屈完：楚国大夫。

㉕召陵：楚国地名，在今河南偃城东。

㉖不谷：不善，诸侯自己的谦称。

㉗惠：恩惠，这里作表示敬意的词。

㉘敝邑：对自己国家的谦称。

㉙辱：屈辱，这里作表示敬意的词。

㉚绥：安抚。

㉛方城：指楚国北境的大别山、桐柏山一带。

㉜盟：订立盟约。

点评

据说，『春秋无义战』。春秋诸侯混战，大家都是为了实际的利益而打仗，大国凭借实力抢夺、吞并小国，弱肉强食，没有谁是为了真理、正义而战。这种说法也许过于夸张，但齐桓公伐楚，似乎证明了战争的不合道义。齐桓公寻找的借口一望而知是站不住脚的，无法掩盖住恃强凌弱的本来面目，继而赤裸裸地以武力相威胁。这一典型事例足以让人相信那时大多数战争的非正义性质，相信强者为王的竞争逻辑。

弱者如何凭借智慧保护自己的技巧，以及在强大的武力面前不甘称臣的精神值得后人学习。内在的智慧，通过巧妙的外交辞令表达出来，不费一兵一卒，以智慧的力量使对手心理上先行崩溃，从而达到保存自己的目的。即使是撇开利益之争一类背景，单是那些外交辞令本身，也足以让人赞赏和惊叹不已：一来一往，针锋相对，表面显得谦恭、温和、礼让，言辞又让人听起来不刺耳，而内在的凛然正气，却透过温和的表面使对手胆战心惊。

宫之奇谏假道（《左传》）

晋侯①复假道②于虞③以伐虢④。

宫之奇谏曰：『虢，虞之表⑤也。虢亡，虞必从之。晋不可启⑥，寇⑦不可玩⑧。一之谓甚，其可再乎？谚所谓「辅车⑨相依，唇亡齿寒」者，其虞、虢之谓也。』

公曰：『晋，吾宗⑩也，岂害我哉？』对曰：『大伯、虞仲⑪，大王之昭⑫也。大伯不从⑬，是以不嗣⑭。虢仲、虢叔⑮，王季之穆也，为文王卿士⑯，勋在王室，藏于盟府⑰。将虢是灭，何爱于虞！且虞能亲于桓、庄⑱乎，其爱之也？桓、庄之族何罪，而以为戮⑲，不唯偪⑳乎？亲以宠逼，犹尚害之，况以国乎？』

公曰：『吾享祀丰洁，神必据我。』对曰：『臣闻之，鬼神非人实亲，惟德是依。故《周书》曰：「皇天无亲，惟德是辅。」又曰：「黍稷㉑非馨，明德惟馨。」又曰：「民不易物，惟德繄物㉒。」如是，则非德民不和，神不享矣。神所冯㉓依，将在德矣。若晋取虞，而明德以荐馨香㉔，神其吐之乎？』弗听，许晋使。宫之奇以其族行㉕，曰：『虞不腊㉖矣。在此行也，晋不更举矣。』

冬，十二月丙子㉗朔，晋灭虢，虢公醜奔京师㉘。师还，馆㉙于虞，遂袭虞，灭之。执虞公，及其大夫井伯，从媵㉚秦穆姬。而修虞祀，且归其职贡于王，故书㉛曰：『晋人执虞公。』罪虞，言易也。

注释

① 晋侯：晋献公。晋，国名，在今山西省翼城县东。

② 复假道：又借路。僖公二年晋曾向虞借道伐虢，今又借道，故用『复』。

③ 虞：国名，姬姓。周文王封予古公亶父之子虞仲后代的侯国，在今山西省平陆县东北。

④ 虢：国名，姬姓。周文王封其弟仲于今陕西宝鸡东，号西虢，后为秦所灭。本文所说的是北虢，北虢是虢仲的别支，在今山西平陆。虞在晋南，虢在虞南。

⑤表：外表，这里指屏障、藩篱。

⑥启：启发，这里指启发晋的贪心。

⑦寇：凡兵作乱于内为乱，于外为寇。

⑧玩：这里是轻视、玩忽的意思。

⑨辅车：面颊和牙床骨。

⑩宗：同姓，同一宗族。晋、虞、虢都是姬姓的诸侯国，都同一祖先。

⑪大伯、虞仲：周始祖大王的长子和次子。

⑫昭：古代宗庙制度，始祖的神位居中，其下则左昭右穆。昭位之子在穆位，穆位之子在昭位。昭穆相承，所以又说昭生穆，穆生昭。大伯、虞仲、王季俱为大王之子，都是大王之昭。

⑬不从：指不从父命。

⑭嗣：继承（王位）。

⑮虢仲、虢叔：虢的开国祖先，王季的次子和三子，文王的弟弟。

⑯卿士：执掌国政的大臣。

⑰盟府：主持盟誓、典策的官府。

⑱桓、庄：桓叔与庄伯，这里指桓庄之族。庄伯是桓叔之子，桓叔是献公的曾祖，庄伯是献公的祖父。晋献公曾尽杀桓叔、庄伯的后代。

⑲桓、庄之族何罪，而以为戮：庄公二十五年晋献公尽诛同族群公子。以为戮，把他们当作杀戮的对象。

⑳逼：这里有威胁的意思。

㉑黍稷：泛指五谷。黍，黄黏米。稷，不黏的黍子。

㉒易物：改变祭品。

㉓冯：同「凭」。

㉔馨香：指黍稷。

㉕以其族行：指率领全族离开虞。

㉖腊：岁终祭祀。这里用作动词，指举行腊祭。

㉗丙子：十二月初一正逢干支的丙子。

㉘京师：东周都城。今河南洛阳。

㉙馆：为宾客们设的住处。这里用作动词，驻扎的意思。

㉚媵：陪嫁的奴隶。

㉛书：指《春秋》经文。

点评

虞国大夫宫之奇，有力地驳斥了虞公对宗族关系和神权的迷信，指出存亡在人不在神，应该实行德政，民不和则神不享。可是虞公不听，最终落得了被活捉的可悲下场。开头只用『晋侯复假道于虞以伐虢』一句点明事件的起因及背景，接着通过人物对话来揭示主题。语言简洁有力，多用比喻句和反问句。如用『辅车相依，唇亡齿寒』比喻虞晋的利害关系，十分贴切、生动，很有说服力。

齐桓下拜受胙（《左传》）

夏，会于葵丘①，寻②盟，且修好，礼也。

王使宰孔③赐齐侯④胙⑤，曰：『天子有事于文武⑥，使孔赐伯舅⑦胙。』齐侯将下拜。孔曰：『且有后命。天子使孔曰：「以伯舅耋⑧老，加劳⑨，赐一级，无下拜。」』对曰：『天威不违颜咫尺⑩，小白⑪余敢贪天子之命「无下拜」？恐陨越⑫于下，以遗天子羞。敢不下拜！』下，拜，登，受。

注释

①葵丘：今河南兰考县境内。

②寻：重申旧事。前一年，齐桓公曾在曹国会集诸侯，所以这次集会称『寻盟』。

③宰孔：宰是官，孔是名，周王室的卿士。

④齐侯：指齐桓公。

⑤胙：祭祀用的肉。周王赐给异姓诸侯祭肉，是一种优礼。

⑥文武：周文王和周武王。

⑦伯舅：天子称异姓诸侯叫伯舅。因周王室与异姓诸侯通婚。

⑧耋：年七十为耋。

⑨加劳：加上有功劳于王室。周襄王因得齐桓公的支持，才能继承王位。

⑩咫尺：形容很近。咫，八寸。

⑪小白：齐桓公名。

⑫陨越：坠落。

点评

百字短文记述了齐桓公在葵丘会盟诸侯，接受周襄王赏赐祭肉的场面。《左传》作者评价历史人物，尊从儒家的『尊王』宗旨，全文围绕『下拜』作文章。齐桓公为春秋五霸之首，已任盟主数十年，功高年迈，傲视群雄，称霸中原。但他在接受周天子赏赐时却表现出受宠若惊、诚惶诚恐、谦恭有礼。虽说刻画人物，着墨不多，通过人物的语言和行动把一个雄才大略、老谋深算的形象刻画得形神毕肖。

阴饴甥对秦伯（《左传》）

十月，晋阴饴甥①会秦伯②，盟于王城③。

秦伯曰：「晋国和乎？」对曰：「不和。小人耻失其君④而悼丧其亲，不惮征缮⑤以立圉⑥也。曰：『必报仇，宁事戎狄。』君子爱其君而知其罪，不惮征缮以待秦命⑦。曰：『必报德，有死无二⑧。』以此不和。」秦伯曰：「国谓君何？」对曰：「小人戚⑨，谓之不免；君子恕，以为必归。小人曰：『我毒⑩秦，秦岂归君？』君子曰：『我知罪矣，秦必归君。贰⑪而执之，服而舍之，德莫厚焉，刑莫威焉。服者怀德，贰者畏刑，此一役也，秦可以霸。纳而不定，废而不立，以德为怨，秦不其然。』」秦伯曰：「是吾心也。」改馆⑫晋侯，馈七牢⑬焉。

注释

①阴饴甥：名饴，甥，指他为晋侯的外甥。因封于阴（今河南陕县至陕西商县一带），故又称阴饴甥。晋大夫。

②秦伯：指秦穆公。

③王城：今陕西大荔县西南。

④君：指晋惠公。他借秦穆公的力量才做了国君，后来和秦发生矛盾，在战争中被俘。

⑤征缮：征集财赋，修缮兵器，准备打仗。

⑥圉：晋惠公的太子名。

⑦待秦命：这是委婉的说法，真正意思是：如果秦不送回我们的国君，就不惜一切，再打一仗。

⑧必报德，有死无二：报答秦国对晋的恩德，至死没有二心。

⑨戚：忧愁，悲哀。

⑩毒：毒害，得罪。指晋惠公与秦为敌。以前晋国发生灾荒，秦国输送了粮食，后来秦国发生灾荒，晋国却一点也不给。

⑪贰：背叛。

⑫改馆：换个住所，改用国君之礼相待。

⑬七牢：牛、羊、猪各一头，叫做一牢。七牢是当时款待诸侯的礼节。

点评

阴饴甥在这时奉命到秦国求和，实在是既理屈又尴尬。但是他在回答秦穆公的时候，巧妙地将国人分为『君子』、『小人』两部分，一正一反，既承认晋侯过错，向秦服罪；又表明晋国的士气不可轻侮，态度软硬兼施，不亢不卑，把话说得恰到好处。他不但没有词穷，反而能振振有词地把秦穆公说服，以自己的庄重自持、气节凛然、才智纵横，既赢得了秦穆公的尊重与款待，又不辱使命，达到了营救自己国君的目的。这真是一篇饱含思想智慧的外交辞令。『君子』与『小人』对，『报仇』与『报德』对，『戚』与『恕』对，『怀德』与『畏刑』对。内容含意上的正反开合，则是意与意对。这种工整对格，骈散结合，在唐以后的散文中，以韩愈为代表，曾被大量运用。阴饴甥的精彩辩词，让他的外交辞令可称典范。

子鱼论战（《左传》）

宋公①及楚人战于泓②。宋人既成列，楚人未既济③。司马④曰：『彼众我寡，及其未既济也，请击之。』公曰：『不可。』既济而未成列，又以告。公曰：『未可。』既陈⑤而后击之，宋师败绩。公伤股⑥，门官⑦歼焉。

国人皆咎公。公曰：『君子不重伤，不禽⑧二毛⑨。古之为军也，不以阻隘也。寡人虽亡国之余⑩，不鼓⑪不成列。』

子鱼曰：『君未知战。勍敌⑫之人，隘⑬而不列，天赞⑭我也。阻而鼓之，不亦可乎？犹有惧焉！且今之勍者，皆吾敌也。虽及胡耇⑮，获则取之，何有于二毛！明耻教战，求杀敌也。伤未及死，如何勿重？若爱重伤，则如勿伤；爱其二毛，则如服焉。三军⑯以利用也，金鼓⑰以声气⑱也。利而用之，阻隘可也；声盛致志，鼓儳可也⑲。』

注释

①宋公：宋襄公，名兹父。

②泓：泓水，在今河南省柘城县西。

③济：渡过。

④司马：统帅军队的高级长官，此指子鱼。

⑤陈：同『阵』，这里作动词，即摆好阵势。

⑥股：大腿。

⑦门官：国君的卫士。

⑧禽：通『擒』。

⑨二毛：头发斑白的人。

⑩亡国之余：亡国者的后代。宋襄公是商朝的后代，商亡于周。

⑪鼓：击鼓（进军）。

⑫勍敌：强敌。勍，强而有力。

⑬隘：这里作动词，处在险隘之地。

⑭赞：助。

⑮胡耇：很老的人。

⑯三军：春秋时，诸侯大国有三军，即上军、中军、下军。这里泛指军队。

⑰金鼓：古时作战，击鼓进兵，鸣金收兵。

⑱声气：振作士气。

⑲儳：不整齐，此指不成阵势的军队。

点评

文章前半部分叙述战争经过及宋襄公惨败的结局，后半部分写子鱼驳斥宋襄公的迂腐论调：先说『君未知战』，后分驳『不以阻隘』、『不鼓不成列』，再驳『不禽二毛』、『不重伤』，最后指出正确的做法。寥寥数语，正面反面的议论都说得十分透辟。

寺人披见文公（《左传》）

吕、郤①畏逼②，将焚公宫而弑③晋侯。寺人披请见。公使让④之，且辞焉，曰：『蒲城之役，君命一宿，女即至。其后余从狄君以田⑤渭滨，女为惠公来求杀余，命女三宿，女中宿至。虽有君命，何其速也？夫袪⑥犹在，女其行乎！』对曰：『臣谓君之入⑦也，其知之矣。若犹未也，又将及难⑧。君命无二，古之制也。除君之恶，唯力是视⑨。蒲人、狄人，余何有焉⑩？即位，其无蒲、狄乎！齐桓公置射钩⑪，而使管仲相。君若易之，何辱命焉？行者甚众，岂唯刑臣？』公见之，以难告。晋侯潜⑫会秦伯于王城。己丑晦，公宫火。瑕甥、郤芮不获公，乃如河上，秦伯诱⑬而杀之。

注释

①吕、郤：吕即阴饴甥，他的采邑除阴外还有吕（今山西霍县西）、瑕（今山西临猗附近），故又称吕甥、瑕甥。郤即郤芮。二人都是晋惠公、晋怀公的旧臣。

②畏逼：害怕遭受迫害。

③弑：古时子杀父，臣杀君为弑。

④让：斥责。

⑤田：打猎。

⑥袪：衣袖。

⑦入：回到国内。

⑧及难：遭遇灾难。

⑨唯力是视：即『唯视力』，只看自己力量多大，就尽多大力量。

⑩余何有焉：和我有什么关系呢？

⑪齐桓公置射钩：鲁庄公九年，管仲奉公子纠与齐桓公战于乾时，管仲曾射中齐桓公革带上的钩，后来他投奔齐桓公，齐桓公能听鲍叔牙劝说，置射钩之仇而不问，任用其为相。

⑫潜：秘密地。

⑬诱：诱骗。

点评

『读史使人明智。』从历来的历史故事中，我们应该已经读出应该怎样对待以前的仇敌。个性化的语言使我们看出了晋文公的宽容大度，捐弃前仇，化敌为友的胸怀。而寺人披又是随机应变，机智善辩，足智多谋。对于晋文公，以前自己的攻打对象能够毫无保留地诉说自己所知的情报，体现了待人的真诚，这是何等的为人境界！文章虽然不长，但是精简的笔墨将来龙去脉描绘得淋漓尽致，令人叹服。

介之推不言禄（《左传》）

晋侯①赏从亡者，介之推②不言禄，禄亦弗及。

推曰："献公③之子九人，唯君在矣。惠、怀无亲，外内弃之。天未绝晋，必将有主。主晋祀者，非君而谁？天实置之，而二三子④以为己力，不亦诬乎？窃人之财，犹谓之盗。况贪天之功，以为己力乎？下义其罪，上赏其奸。上下相蒙，难与处矣。"

其母曰："盍亦求之？以死谁怼⑤？"

对曰："尤而效之，罪又甚焉！且出怨言，不食其食。"

其母曰："亦使知之，若何？"

对曰："言，身之文也。身将隐，焉用文之？是求显也。"

其母曰："能如是乎？与汝偕隐。"遂隐而死。

晋侯求之不获，以绵上⑥为之田⑦。曰："以志吾过，且旌善人。"

注释

①晋侯：指晋文公，即重耳。他逃亡在外，在秦国的帮助下回晋继承君位。

②介之推：晋文公臣子，曾割自己腿上的肉以食文公。

③献公：重耳之父晋献公。

④二三子：指跟随文公逃亡的人。子是对人的美称。

⑤怼：怨恨。

⑥绵上：地名，在今山西介休县南、沁源县西北的介山之下。

⑦田：祭田。

点评

介之推偕母归隐的动机和心理是通过对话来表现的。母亲和介之推有两次对话，更加突出介之推的意志是坚定的。对话写得十分巧妙，既细致入微地剖析了介之推的心理，又不流于枯燥说理。介之推藐视富贵、正气凛然和母亲不动声色、旁敲侧击，都一一跃然纸上。

展喜犒师（《左传》）

夏，齐孝公伐我北鄙。公①使展喜②犒师使受命于展禽③。齐侯④未入竟⑤，展喜从之，曰："寡君闻君亲举玉趾⑥，将辱于敝邑，使下臣犒执事⑦。』齐侯曰：『鲁人恐乎？』对曰：『小人恐矣，君子则否。』齐侯曰：『室如县⑧罄⑨，野无青草⑩，何恃而不恐？』对曰：『恃先王之命。昔周公、大公⑪股肱⑫周室，夹辅成王。成王劳之，而赐之盟，曰：「世世子孙无相害也！」载⑬在盟府，大师⑭职之，桓公是以纠合诸侯，而谋其不协，弥缝⑮其阙而匡救其灾，昭⑯旧职⑰也。及君即位，诸侯之望曰：「其率⑱桓⑲之功，我敝邑用是不敢保聚⑳」，曰：「岂其嗣世九年，而弃命废职？其若先君何？君必不然。」恃此而不恐。』齐侯乃还。

注释

①公：指鲁僖公。

②展喜：鲁国大夫。

③展禽：鲁国大夫，又称柳下惠。

④齐侯：齐孝公，齐桓公之子。

⑤竟：同『境』。

⑥玉趾：表示礼节的套话，意思是贵足、亲劳大驾。

⑦执事：左右办事的官员，用作对方的敬称。

⑧县：同『悬』。

⑨磬：石制打击乐器。

⑩野无青草：指旱情严重。

⑪大公：太公，齐国始祖姜尚，又称姜太公。

⑫股肱：大腿和手臂。这里是说周公和太公是辅佐周王的重要大臣。

⑬载：盟约也叫载书，简称为载。

⑭大师：太师，当为太史，主管盟誓的官。

⑮弥缝：填满缝隙。这里的意思是补救。

⑯昭：发扬光大。

⑰旧职：指大公的旧职。

⑱率：遵循。

⑲桓：指齐桓公。

⑳保聚：保城聚众。

点评

面对齐国大兵压境，鲁国的政治家们想出了一个妙绝的高招：犒赏前来入侵的敌军，并对之开展绝妙外交辞令。展喜利用齐孝公崇敬桓公，借夸奖桓公，回忆先君曾有过『和平友好条约』，来让孝公承担孝的道义。战场上的浴血奋战、刀光剑影是一回事，谈判桌上的唇枪舌剑、巧妙应对又是一回事，并不一定非要真刀真枪地厮杀才算得上英雄。

烛之武退秦师（《左传》）

九月甲午，晋侯、秦伯①围郑，以其无礼于晋②，且贰于楚③也。晋军函陵④，秦军氾南⑤。

佚之狐⑥言于郑伯曰：『国危矣，若使⑦烛之武见秦君，师必退。』公从之。辞⑧曰：『臣之壮也⑨，犹⑩不如人；今老矣，无能为也已⑪。』公曰：『吾不能早用⑫子，今急而求子，是寡人之过也。然⑬郑亡，子亦有不利焉！』许之⑭。

夜缒⑮而出，见秦伯曰：『秦、晋围郑，郑既知亡矣。若亡郑⑯而有益于君，敢以烦执事⑰。越国以鄙远⑱，君知其难也，焉用亡郑以陪邻⑲？邻之厚，君之薄也。若舍郑以为东道主，行李⑳之往来，共其乏困，君亦无所害。且君尝为晋君赐矣㉑，许君焦、瑕，朝济而夕设版焉㉒，君之所知也。夫晋，何厌㉓之有？既东封郑㉔，又欲肆其西封㉕，若不阙㉖秦，将焉取之？阙秦以利晋，惟君图之。』秦伯说，与郑人盟。使杞子、逢孙、杨孙戍之，乃还。

子犯请击之。公曰：『不可。微夫人之力不及此。因人之力而敝㉗之，不仁；失其所与，不知㉘；以乱易整，不武㉙。吾其还也㉚。』亦去之㉛。

注释

① 晋侯、秦伯：指晋文公和秦穆公。

② 以其无礼于晋：指晋文公即位前流亡国外经过郑国时，没有受到应有的礼遇。以，因为。

③ 且贰于楚：并且从属于晋的同时又从属于楚。且，并且。贰，从属二主。

④ 函陵：郑国地名，在今河南新郑北。

⑤ 氾南：古代东氾水的南面，在今河南中牟南。

⑥ 佚之狐：郑国大夫。

⑦ 使：派。

⑧ 辞：推辞。

⑨ 臣之壮也：我壮年的时候。

⑩ 犹：尚且。

⑪ 无能为也已：不能干什么了。为，做。已，同『矣』，语气词，了。

⑫ 用：任用。

⑬ 然：然而。

⑭ 许之：答应这件事。许，答应。

⑮缒：用绳子拴着从城墙上往下吊。

⑯亡郑：使郑亡。

⑰敢以烦执事：冒昧地拿（亡郑这件事）麻烦您。这是客气的说法。执事，执行事务的人，对对方的敬称。

⑱越国以鄙远：越过别国而把远地（郑国）当作边邑。越，越过。鄙，边邑。这里作动词。

⑲焉用亡郑以陪邻：怎么要用灭掉郑国来给邻国（晋国）增加（土地）呢？陪，同『倍』，增加。

⑳行李：也作『行吏』，外交使节。

㉑尝为晋君赐矣：曾经给予晋君恩惠（指秦穆公曾派兵护送晋惠公回国）。赐，恩惠。为……赐，施恩。

㉒朝济而夕设版焉：（晋惠公）早上渡过黄河（回国），晚上就筑城防御。济，渡河。版，筑土墙用的夹板。

㉓厌：满足。

㉔东封郑：在东边让郑国成为晋国的边境。封，疆界。这里用作动词。

㉕肆其西封：扩展它西边的疆界。指晋国灭郑以后，必将图谋秦国。肆，延伸，扩张。封，疆界。

㉖阙：使……减损。

㉗敝：损害。

㉘知：通『智』，明智。

㉙以乱易整，不武：用混乱相攻取代联合一致，是不勇武的。

㉚吾其还也：我们还是回去吧。其，表商量或希望的语气，还是。

㉛去之：离开郑国。

点评

这是一篇记述行人辞令的散文。郑国被晋、秦两个大国的军队所包围，国家危在旦夕，烛之武奉郑君之命，去说退秦军。他善于利用矛盾，采取分化瓦解的办法，一番说辞，便说服了秦君，撤出围郑的军队，并且派兵帮助郑国防守，最后晋军也不得已而撤退，从而解除了郑国的危机。文章赞扬了烛之武在国家危难之际，能够临危受命，不避险阻，只身去说服秦君，维护了国家安全的爱国主义精神，同时也反映了春秋时代各诸侯国之间斗争的复杂性。

蹇叔哭师（《左传》）

杞子[1]自郑使告于秦曰：『郑人使我掌其北门之管[2]，若潜[3]师以来，国[4]可得也。』穆公访诸蹇叔[5]。蹇叔曰：『劳师以袭远，非所闻也。师劳力竭，远主[6]备之，无乃不可乎？师之所为，郑必知之。勤而无所[7]，必有悖心[8]。且行千里，其谁不知？』公辞焉。召孟明、西乞、白乙[9]使出师于东门之外。蹇叔哭之曰：『孟子！吾见师之出而不见其入也！』公使谓之曰：『尔何知，中寿[10]，尔墓之木拱矣！』

蹇叔之子与师，哭而送之，曰：『晋人御师必于殽[11]，殽有二陵[12]焉。其南陵，夏后皋[13]之墓也；其北陵，文王之所辟风雨也，必死是间，余收尔骨[14]焉！』秦师遂东。

注释

①杞子：秦国大夫。

②管：钥匙。

③潜：秘密地。

④国：国都。

⑤蹇叔：秦国老臣。

⑥远主：指郑君。

⑦无所：一无所得。

⑧悖心：违逆之心，反感。

⑨孟明、西乞、白乙：孟明，秦国大夫，姓百里，名视，字孟明。秦国元老百里奚之子。西乞，秦国大夫，姓西乞，名术。白乙，秦国大夫，姓白乙名丙。这三人都是秦国将军。

⑩中寿：满寿，年寿满了。

⑪殽：山名，在今河南洛宁西北。

⑫陵：大山。崤山有两陵，南陵和北陵，相距三十里，地势险要。

⑬夏后皋：夏代君主，名皋，夏桀的祖父。后，国君。

⑭尔骨：你的尸骨。

点评

卜官郭偃和老臣蹇叔的预见有如先知，料事真如神。蹇叔作为开国老臣，明白此时出征无异于自投罗网。秦穆公急欲扩张自己势力的心情，违反了『知己知彼』这个作战的基本前提。敌手早有防备，以逸待劳，必定获胜；劳师远袭，疲惫不堪，没有战斗力，必定惨败。秦穆公利令智昏而犯了常识性的错误。

郑子家告赵宣子（《左传》）

晋侯①合诸侯于扈，平宋也。于是晋侯不见郑伯②，以为贰于楚也。郑子家使执讯而与之书，以告赵宣子③曰：「寡君即位三年，召蔡侯④而与之事君。九月，蔡侯入于敝邑以行，敝邑以侯宣多⑤之难，寡君是以不得与蔡侯偕，十一月，克灭侯宣多而随蔡侯以朝于执事。十二年六月，归生⑥佐寡君之嫡夷，以请陈侯⑦于楚而朝诸君。十四年七月寡君又朝，以蒇⑧陈事。十五年五月，陈侯⑨自敝邑往朝于君。往年正月，烛之武往朝夷也。八月，寡君又往朝。以陈蔡之密迩于楚，而不敢贰焉，则敝邑之故也。虽敝邑之事君，何以不免？在位之中，一朝于襄，而再见于君，夷与孤⑩之二三臣，相及于绛⑪。虽我小国，则蔑⑫以过之矣。今大国曰：「尔未逞吾志。」敝邑有亡，无以加焉。古人有言曰：「畏首畏尾，身其余几？」又曰：「鹿死不择音⑬。」小国之事大国也，德，则其人也；不德，则其鹿也。铤而走险，急何能择？命之罔极，亦知亡矣。将悉敝赋⑭以待于鯈⑮，唯执事命之。文公二年，朝于齐；四年，为齐侵蔡，亦获成⑯于楚。居大国之间而从于强令，岂有罪也？大国若弗图，无所逃命。」

晋巩朔⑰行成于郑，赵穿⑱公婿池⑲为质焉。

注释

①晋侯：指晋国国君晋灵公。
②郑伯：指郑国国君郑穆公。
③赵宣子：晋国卿大夫赵盾。
④蔡侯：指蔡庄公。
⑤侯宣多：郑国大夫，因立郑穆公有功，所以恃宠专权作乱。
⑥归生：即子家，归生是其名。
⑦陈侯：陈国君主共公，名朔。
⑧蒇：完成。
⑨陈侯：陈灵公，名平公，即陈共公之位。
⑩孤：指郑国国君。
⑪绛：晋国都城，在今山西新绛县。
⑫蔑：无。
⑬音：同『荫』。
⑭赋：指兵，古代按田赋出兵，所以称赋。

⑮ 儵：晋、郑交界的地方。
⑯ 成：讲和修好。
⑰ 巩朔：晋大夫。
⑱ 赵穿：晋国执政大夫。
⑲ 池：晋灵公的女婿。

点评

本文的主要内容是郑国大夫子家写给晋国的信，实际上是一篇外交照会。郑国在楚晋二强的夹缝中苟活，可以说对双方都毕恭毕敬，就如子家所说是无以复加了。而此时晋国仍不满意，要求郑国专一敬他，可是如果郑国彻底和楚断绝来往，就必须面对楚国的讨伐，等到楚军压境，再向晋国求援就来不及了。若晋要伐郑，郑虽军力绵薄，但也能拼死一搏，或楚国尚有体谅，倾力前来救援，绝路逢生也未可知，这才有了子家的呐喊。文中一一列举事实，据理力争，有情有理有节，所以终使晋国赵盾审时度势，改变了对郑的外交策略。

王孙满对楚子（《左传》）

楚子①伐陆浑之戎，遂至于洛②，观兵③于周疆。定王④使王孙满劳楚子。楚子问鼎⑤之大小轻重焉。对曰：『在德不在鼎。昔夏之方有德也，远方图物，贡金九牧⑥，铸鼎象物，百物而为之备，使民知神、奸。故民入川泽、山林，不逢不若⑦。螭魅罔两⑧，莫能逢之。用能协于上下，以承天休⑨。桀有昏德，鼎迁于商，载祀⑩六百。商纣暴虐，鼎迁于周。德之休明，虽小，重也。其奸回昏乱，虽大，轻也。天祚明德，有所厎止。成王定鼎于郏鄏，卜世三十，卜年七百，天所命也。周德虽衰，天命未改。鼎之轻重，未可问也。』

注释

① 楚子：楚庄王。楚是子爵，但自称王。
② 洛：即洛水。
③ 观兵：检阅军队以炫耀武力。
④ 定王：周朝第二十一王。
⑤ 鼎：相传是夏禹所铸的九鼎。
⑥ 贡金九牧：即『九牧贡金』。九牧，古代中国分为九州，九牧就是九州的首领。金，指铜。
⑦ 不若：不顺，不利之物。
⑧ 魑魅罔两：山鬼和水怪。
⑨ 休：福佑。
⑩ 载祀：记年。

古文观止 译注

五六

五五

齐国佐不辱命（《左传》）

晋师从齐师，入自丘舆①，击马陉②。齐侯使宾媚人③赂以纪甗、玉磬与地④。「不可，则听客之所为⑤。」宾媚人致赂，晋人不可，曰：「必以萧同叔子⑥为质，而使齐之封内尽东其亩⑦。」对曰：「萧同叔子非他，寡君之母也；若以匹敌，则亦晋君之母也。吾子布大命于诸侯，而曰必质其母以为信，其若王命何⑧？且是以不孝令也。《诗》曰：『孝子不匮，永锡尔类⑨。』若以不孝令于诸侯，其无乃非德类也乎？先王疆理天下物土之宜，而布其利⑩，故《诗》曰：『我疆我理，南东其亩⑪。』今吾子疆理诸侯，而曰『尽东其亩』而已；唯吾子戎车是利，无顾土宜，其无乃非先王之命也乎？反先王则不义，何以为盟主？其晋实有阙⑫。四王之王也⑬，树德而济同欲焉；五伯之霸也⑭，勤而抚之，以役王命⑮；今吾子求合诸侯，以逞无疆之欲。《诗》曰：『敷政优优，百禄是遒⑯。』子实不优，而弃百禄，诸侯何害焉！不然，寡君之命使臣，则有辞矣。曰：『子以君师辱于敝邑，不腆敝赋⑰，以犒从者；畏君之震，师徒桡败⑱。吾子惠徼齐国之福⑲，不泯其社稷，使继旧好，唯是先君之敝器、土地不敢爱。子又不许，请收合余烬，背城借一⑳。敝邑之幸，亦云从也；况其不幸，敢不唯命是听？』」

【注释】
① 丘舆：齐国地名，在今山东益都县西南。
② 马陉：齐国地名，在今益都县内。
③ 宾媚人：即国佐，齐国上卿。
④ 纪甗：齐灭纪国所得的宝器。甗，古国名，其地已灭。玉磬：乐器。地：指齐侵占鲁、卫两国的土地。
⑤ 听客之所为：听凭晋人所为。客，指晋。
⑥ 萧同叔子：萧君同叔的女儿，齐顷公的母亲。
⑦ 尽东其亩：田地垄亩全变为东西向，便利晋来齐时战车通行。
⑧ 王命：指周王同姓不婚的规定。

⑨ 见《诗经·大雅·既醉》。
⑩ 物土之宜：视土地所宜。
⑪ 见《诗经·小雅·信南山》。
⑫ 阙：缺失。
⑬ 四王：指夏禹、商汤、周文王、周武王。
⑭ 五伯：指夏昆吾、商大彭、豕韦、周齐桓公、晋文公。
⑮ 以役王命：为周王之命服务。
⑯ 见《诗经·商颂·长发》。
⑰ 腆：丰厚。赋：指兵。
⑱ 桡败：挫败。
⑲ 徼：求。
⑳ 背城借一：在自己城下借一战，指决一死战。

【鉴赏】
晋国如果败灭齐国，势必危及各诸侯国的安全。因此，王佐故意讲话来激怒晋国的将领。首先反驳「质其母」的无理要求，指出它违反「王命」和「孝」道；然后针对「尽东其亩」的荒谬主张，申明「先王疆理天下物土之宜」的大道理。王佐接着批评晋景公不遵先王之道，穷兵黩武的野心。最后警告晋国如不允许讲和，齐国也只好背城一战。委婉中见刚强，最终迫使晋国同意讲和。

⑪ 济同欲：满足共同的欲望。
⑫ 五伯：五伯之称有二：有三代之五伯，有春秋之五伯。前者指夏伯昆吾，商伯大彭、豕韦，周伯齐桓、晋文。后者指齐桓、晋文、秦缪、宋襄、楚庄。
⑬ 役王命：从事于王命。
⑭ 优优：和缓宽大的样子。
⑮ 遒：聚。
⑯ 腆：丰厚。
⑰ 桡：弯曲，屈从。
⑱ 徼：求取，招致。
⑲ 余烬：指残余的军队。烬，火灰。
⑳ 背城借一：背靠着城，再打一仗。意即在城下决一死战。

点评

晋齐鞌之战，齐军败绩，齐国佐奉命出使求和，但面对郤克的苛刻条件，他从容不迫，逐条驳斥，并且用齐顷公的口气——虽然国君已经交代有最后的底线，但并未如此明晰地表明齐国尚愿一搏——若无和解的可能，则破釜沉舟奉陪到底！这十足底气，只能源于齐国的实力，这是外交最坚实的后盾。他说辞的逻辑无懈可击，果然是不辱使命。

楚归晋知罃（《左传》）

晋人归楚公子谷臣①与连尹襄老②之尸于楚，以求知罃。于是荀首佐中军③矣，故楚人许之。王送知罃，曰：「子其怨我乎？」对曰：「二国治戎④，臣不才，不胜其任，以为俘馘⑤。执事不以衅鼓⑥，使归即戮⑦，君之惠也。臣实不才，又谁敢怨？」王曰：「然则德我乎？」对曰：「二国图其社稷，而求纾其民，各惩其忿⑧，以相宥⑨也，两释累囚，以成其好。二国有好，臣不与及⑩，其谁敢德？」王曰：「子归何以报我？」对曰：「臣不任⑪受怨，君亦不任受德。无怨无德，不知所报。」王曰：「虽然，必告不谷。」对曰：「以君之灵，累臣得归骨于晋，寡君之以为戮，死且不朽。若从君之惠而免之，以赐君之外臣⑫首；首其请于寡君，而以戮于宗⑬，亦死且不朽。若不获命⑭，而使嗣宗职⑮，次及于事，而帅偏师⑯以脩封疆，虽遇执事，其弗敢违。其竭力致死⑰，无有二心，以尽臣礼。所以报也！」王曰：「晋未可与争。」重为之礼而归之。

注释

① 公子谷臣：楚庄王的儿子。
② 连尹襄老：连尹是楚国官名，襄老是楚国的大臣。连尹，楚国主射之官。
③ 佐中军：担任中军副帅。
④ 治戎：治兵，演习军队。这里的意思是交战。

⑤馘：割下敌方战死者的左耳（用来报功）。这里与『俘』连用，指俘虏。
⑥鼓：取血涂鼓，意思是处死。
⑦即戮：接受杀戮。
⑧忿：怨恨。
⑨宥：宽恕，原谅。
⑩与及：参与其中，相干。
⑪任：担当。
⑫外臣：外邦之臣。臣子对别国君主称外臣。
⑬宗：宗庙。
⑭不获命：没有获得国君允许杀戮的命令。
⑮宗职：祖宗世袭的职位。
⑯偏师：副帅、副将所属的军队，非主力军队。
⑰致死：献出生命。

点评

知罃与楚王都是不凡之人。知罃的不凡处，在于不为生死得失所动，唯义是从；楚王的不凡处，在于见到晋国有如此磊落无私的大臣，便由一斑而知全豹，得出『晋未可与争』的结论。知罃可以说是襟怀坦荡，无可指摘，与其说其人聪明，不如说其人有德。

吕相绝秦（《左传》）

（成公十三年）夏四月戊午，晋侯①使吕相②绝秦，曰：『昔逮我献公及穆公相好，戮力同心，申③之以盟誓，重之以昏姻④。天祸⑤晋国，文公如齐，惠公如秦。无禄⑥，献公即世⑦。穆公不忘旧德，俾我惠公用能奉祀⑧于晋。又不能成大勋，而为韩之师⑨。亦悔于厥⑩心，用集⑪我文公。是穆之成也。

『文公躬擐⑫甲胄，跋履⑬山川，逾越险阻，征东之诸侯，虞、夏、商、周之胤⑭而朝诸秦，则亦既报旧德⑮矣。郑人怒⑯君之疆埸，我文公帅诸侯及秦围郑。秦大夫不询于我寡君，擅及郑盟⑰。诸侯疾⑱之，将致命于秦⑲。文公恐惧，绥静⑳诸侯，秦师克还无害，则是我有大造㉑于西也。

『无禄，文公即世；穆为不吊㉒，蔑死我君，寡㉓我襄公，迭㉔我淆地，奸绝我好㉕，伐我保㉖城，殄灭我费滑㉗，散离我兄弟㉘，挠乱我同盟㉙，倾复我国家。我襄公未忘君之旧勋，而惧社稷之陨，是以有淆之师。犹愿㉚放罪于穆公，穆公弗听，而即楚㉛谋我。天诱㉜其衷，成王陨命，穆公是以不克逞志于我。

『穆、襄㉝即世，康、灵㉞即位。康公，我之自出㉟，又欲阙翦㊱我公室，倾覆我社稷，帅我蝥贼㊲，以来荡摇我边疆，我是以有令狐之役。康犹不悛㊳，入我河曲㊴，伐我涑川㊵，俘我王官㊶，翦我羁马㊷，我以是有河曲之战。东道之不通㊸，则是康公绝我好也。

『及君㊹之嗣也，我君景公引㊺领西望曰：「庶抚㊻我乎！」君亦不惠称盟㊼，利吾有狄难㊽，入我河县㊾，焚我箕、郜㊿，芟夷我农功(51)，虔刘(52)我边垂，我以是有辅氏(53)之聚。君亦悔祸之延，而欲徼福于先君献、穆，使伯车(54)来命我景公曰：「吾与女同好弃恶，复修旧德，以追念前勋。」言誓未就，景公即世，我寡君(55)是以有令狐之会。君又不祥(56)，背弃盟誓。白狄(57)及君同州，君之仇雠，而我昏姻(58)也。君来赐命曰：「吾与女伐狄。」寡君不敢顾昏姻，畏君之威，而受命于吏(59)。君有二心于狄，曰：「晋将伐女。」狄应且憎，是用(60)告我。楚人恶君之二三其德(61)也，亦来告我曰：「秦背令狐之盟，而来求盟于我：昭告昊天上帝、秦三公(62)、楚三王(63)曰：余虽与晋出入，余唯利是视(64)。不谷恶其无成德，则用宣之，以惩不壹(65)。」诸侯备闻此言，斯是用痛心疾首，昵就(66)寡人。寡人帅以听命(67)，唯好是求。君若惠顾诸侯，矜哀寡人，而赐之盟，则寡人之愿也，其承宁(68)诸侯以退，岂敢徼乱？君若不施大惠，寡人不佞(69)，其不能以诸侯退矣。敢尽布之执事，俾执事实图利之(70)。』

注释

①晋侯：晋厉公。

②吕相：晋国大夫，魏锜现依的儿子魏相，因食邑在吕，又称吕相。

③申：申明。

④昏姻：婚姻。秦、晋国有联姻关系。

⑤天祸：天降灾祸，指骊姬之乱。

⑥无禄：没有福禄。这里指不幸。

⑦即世：去世。

⑧奉祀：主持祭祀。这里指立为国君。

⑨韩之师：韩地的战争，指秦晋韩原之战。

⑩厥：其，指秦穆公。

⑪集：成全。

⑫擐：穿上。

⑬跋履：跋涉。

⑭胤：后代。东方诸侯国的国君大多是虞、夏、商、周的后代。

⑮旧德：过去的恩惠。

⑯怒：指侵犯。

⑰擅及郑盟：擅自与郑人订盟。

⑱疾：憎恶，憎恨。

⑲致命于秦：与秦国拼命。

⑳绥静：安定，安抚。

㉑大造：大功。

㉒不吊：不善。

㉓寡：这里的意思是轻视。

㉔迭：同「轶」，越过，指侵犯。

㉕我好：同我友好。

㉖保：同「堡」，城堡。

㉗费滑：即滑国。费，滑国的都城，在今河南偃师附近。

㉘兄弟：指兄弟国家。

㉙同盟：同盟国家，指郑国和滑国。

㉚犹愿：还是希望。

㉛即楚：亲近楚国。

㉜诱：开启。

㉝穆、襄：秦穆公和晋襄公。

㉞康、灵：秦康公和晋灵公。

㉟我之自出：秦康公是穆姬所生，是晋文公的外甥，所以说「自出」。

㊱阙翦：损害，削弱。

㊲蟊贼：本指吃庄稼的害虫，这里指晋国公子雍。

㊳悛：悔改。

㊴河曲：晋国地名，在今山西永济东南。

㊵涑川：水名，在今山西西南部。

㊶王官：晋国地名，在今山西闻喜西。

㊷羁马：晋国地名，在今山西永济南。

㊸东道不通：指两国断绝关系。晋国在秦国东边，所以称「东道」。

㊹君：指秦桓公。

㊺引：伸长。

㊻抚：抚恤。

㊼称盟：举行盟会。

㊽狄难：指晋国同狄人打仗。

㊾河县：晋国临河的县邑。
㊿箕、郜：晋国地名，一在今山西蒲县东北，一在今山西祁县西。
(51)农功：庄稼。
(52)虔刘：杀害，屠杀。
(53)辅氏：晋国地名，在今陕西大荔东。
(54)伯车：秦桓公之子。
(55)寡君：指晋厉公。
(56)不祥：不善。
(57)白狄：狄族的一支。
(58)昏姻：指晋文公在狄娶季隗。
(59)吏：指秦国传令的使臣。
(60)是用：因此。
(61)二三其德：三心二意，反复无常。
(62)秦三公：秦国穆公、康公、共公。
(63)楚三王：楚国成王、穆王、庄王。

(64)唯利是视：一心图利，唯利是图。
(65)不壹：不专一。
(66)昵就：亲近。
(67)帅以听命：率领诸侯来听候君王的命令。
(68)承宁：安定。
(69)不佞：不敏，不才。
(70)利之：对秦国有利。

点评

文中负责外交事务的吕相，辞令功夫的确了得。两国的恩怨错综复杂，源远流长，本不是可以信口开河的事情，然而吕相极尽褒贬之能事，把晋国说成是吃亏上当，为人所欺的『善人』，而秦国却是奸佞不堪，反复无常的『小人』。有关秦穆公的『事迹』一带而过，而秦人背着晋国窃于郑盟之事却大书特书，说什么晋国帮了秦国，平了诸侯对秦国的义愤，甚至将晋国率先发难，在淆之战偷袭秦军也说得理由十足，令人无法不信！江山代有人才出，晋国的强大，其非常重要的一个原因就是出人才。吕相在晋史中不是太出名的角色，辩才竟也是如此厉害。

驹支不屈于晋（《左传》）

会于向①，将执戎子驹支。范宣子亲数②诸朝。曰：『来，姜戎氏。昔秦人迫逐乃祖吾离于瓜州③，乃祖吾离被苫盖④，蒙荆棘，以来归我先君。我先君惠公有不腆之田，与女剖分而食之。今诸侯之事我寡君不如昔者，盖言语漏泄，则职⑤女之由。诘朝⑥之事，尔无与焉！与，将执女。』

对曰：『昔秦人负恃其众，贪于土地，逐我诸戎。惠公蠲⑦其大德，谓我诸戎是四岳⑧之裔胄也，毋是翦弃。赐我南鄙之田，狐狸所居，豺狼所嗥。我诸戎除翦其荆棘，驱其狐狸豺狼，以为先君不侵不叛之臣，至于今不贰。昔文公与秦伐郑，秦人窃与郑盟而舍戍焉，于是乎有肴之师。晋御其上，戎亢⑨其下，秦师不复，我诸戎实然。譬如捕鹿，晋人角之，诸戎掎⑩之，与晋踣⑪之，戎何以不免？自是以来，晋之百役，与我诸戎相继于时，以从执政，犹肴志也⑫，岂敢离逷⑬？今官之师旅，无乃实有所阙，以携⑭诸侯，而罪我诸戎。我诸戎饮食衣服不与华同，贽币⑮不通，言语不达，何恶之能为？不与于会，亦无瞢⑯焉。』赋《青蝇》⑰而退。

宣子辞⑱焉，使即事于会，成恺悌⑲也。

注释

①向：地名，在今安徽怀远县。

②数：历数其罪。

③瓜州：今甘肃敦煌县。

④苫盖：用草编成的覆盖物。

⑤职：主要。

⑥诘朝：明日。

⑦蠲：显示。

⑧四岳：传说为尧舜时四方部落首领。

⑨亢：抗。

⑩掎：拉住，拖住。

⑪踣：同『仆』。

⑫犹肴志也：还是像在肴作战时那样忠心。

⑬逷：远。

⑭携：离，疏远。

⑮贽币：古人见面时所赠送的礼物。贽币不通，喻没有往来。

⑯瞢：闷，不舒畅。

⑰青绳：《诗经·小雅》中的一篇，主旨是希望君子莫信谗言。

⑱辞：道歉。

⑲恺悌：和乐平易。

点评

《左传》除了对各国战争描述精彩之外，对一些谋臣说客的辞令艺术的记录，也极具艺术性，尤其是那些谋臣们在外交中实话实说，以真取胜的史实，令人叹为观止。本文写范宣子仗着晋国的强大，仗着自己的先君曾有恩于羌戎，对驹支气势汹汹，把晋国霸主地位的动摇归咎于驹支。驹支则据理力争，逐层辩驳。首先说晋国所赏赐的土地是荒芜不毛之地，不足以称大恩大德。其次说羌戎帮助晋国在肴地全歼秦军，可以说已经报恩了，之后更是鞍前马后，毫无二心。最后暗示晋国所以众叛亲离，乃是其自己一手造成的，与羌戎无关。全部辩辞语气委婉而正气凛然，使范宣子不得不服。

祁奚请免叔向（《左传》）

栾盈①出奔楚。宣子②杀羊舌虎③，囚叔向④。人谓叔向曰：「子离⑤于罪，其为不知⑥乎？」叔向曰：「与其死亡若何？曰：『优哉游哉⑦，聊以卒岁。』知也。」乐王鲋⑧见叔向曰：「吾为子请。」叔向弗应，出不拜。其人皆咎叔向。叔向曰：「必祁大夫⑨。」室老⑩闻之曰：「乐王鲋言于君无不行，求赦吾子，吾子不许；祁大夫所不能也，而曰必由之。何也？」叔向曰：「乐王鲋从君者也，何能行？祁大夫外举不弃仇⑪，内举不失亲⑫，其独遗我乎？诗曰：『有觉德行，四国顺之。』夫子，觉者也。」晋侯问叔向之罪于乐王鲋。对曰：「不弃其亲，其有焉。」

于是祁奚老矣，闻之，乘驲⑬而见宣子，曰：「《诗》曰：『惠我无疆，子孙保⑭之。』《书》曰：『圣有谟⑮勋，明征定保。』夫谋而鲜过，惠训不倦者，叔向有焉，社稷之固也。犹将十世⑯宥之，以劝能者。今壹⑰不免其身，以弃社稷，不亦惑乎？鲧殛而禹兴；伊尹放大甲而相之，卒无怨色；管蔡为戮，周公右王。若之何其以虎也弃社稷？子为善，谁敢不勉，多杀何为？」宣子说，与之乘，以言诸公而免之。不见叔向而归，叔向亦不告免焉而朝。

注释

①栾盈：晋大夫，因与晋国的加一大夫范鞅不和，谋害范鞅。事败被驱逐，故出奔楚。

②宣子：即范鞅。

③羊舌虎：栾盈的同党。

④叔向：羊舌虎的哥哥，叫羊舌肸。

⑤离：通「罹」，遭遇。

⑥知：通「智」。

⑦优哉游哉：闲暇而快乐自得的样子。

⑧乐王鲋：即东桓子，晋大夫。

⑨祁大夫：即祁奚。

⑩室老：古时卿大夫家中有家臣，室老是家臣之长。

⑪不弃仇：祁奚曾经向晋君推荐过他的仇人解狐。

⑫不失亲：祁奚曾经向晋君推荐过他的儿子祁午。

⑬驲：古代驿站的马车。

⑭保：依赖。

⑮谟：谋略。

⑯十世：指远代子孙。

⑰壹：指因羊舌虎这一件事。

点评

叔向受弟弟的牵连，突然被捕，但他临危不惧，且有知人之明。祁奚为国家爱惜人才，事成则『不见而归』，根本不希望别人报答。叔向获救，也『不告免而朝』，因为他深知祁奚的品德。相形之下，乐王鲋的虚伪和卑鄙，真是不堪入目。此文寥寥数语，写活了叔向、祁奚二君子，又以乐王鲋一小人衬之，笔力雄奇。然而叔向似乎稍有过，略有枉自托大至不近人情之讥。

子产告范宣子轻币（《左传》）

范宣子为政，诸侯之币①重。郑人病②之。

二月，郑伯③如晋。子产④寓书于子西⑤以告宣子，曰：『子为晋国，四邻诸侯不闻令德，而闻重币，侨⑥也惑之。侨闻君子长国家者，非无贿⑦之患，而无令名⑧之难。夫诸侯之贿，聚于公室⑨，则诸侯贰；若吾子赖⑩之，则晋国贰。诸侯贰，则晋国坏；晋国贰，则子之家坏，何没没⑪也，将焉用贿？夫令名，德之舆⑫也；德，国家之基也。有基无坏，无亦是务乎？有德则乐，乐则能久。《诗》云：「乐只君子，邦家之基⑬。」有令德也夫！「上帝临女，无贰尔心⑭。」有令名也夫！恕思以明德，则令名载而行之，是以远至迩⑮安。毋宁使人谓子，子实生我，而谓子浚⑯我以生乎？象有齿以焚其身⑰，贿也。』

宣子说⑱，乃轻币。

注释

①币：帛，古代通常用作礼物。这里指诸侯向盟主晋国进献的贡品。

②病：这里作动词用，忧虑。

③郑伯：郑简公。

④子产：即公孙侨，一字子美。郑简公十二年（前五五四）为卿，二十三年（前五四三）执政。

⑤子西：郑大夫。当时随从郑简公去晋国。

⑥侨：子产自称。

⑦贿：财物。

⑧令名：好的名声。

⑨公室：指晋君。

⑩赖：恃，凭借。

⑪没没：沉溺，贪恋。

⑫舆：车子。

⑬见《诗经·小雅·南山有台》篇。

⑭见《诗经·大雅·大明》篇。「无贰尔心」即「尔心毋贰」。

⑮迩：近。

⑯浚：取。

⑰焚身：丧身。

⑱说：通「悦」，高兴。

点评

子产致范宣子的这封信立意高远，持论正大，信中虽有危激之语，但并非危言耸听。子产站在为晋国和范宣子个人谋划的立场上，指出国家和家族赖以存亡的道德基础，并为范宣子描绘了一幅道德基础崩溃后国亡家败的图景，不由范宣子不信服。文笔矫捷雄健，如江河奔流，势不可遏，具有震人心魄的力量。信中还巧妙设喻，以加强自己的论点，将声誉比喻成荣载美德的车子，将美德比喻成国家大厦的基石，既形象生动，又深化了文章的内涵，丝毫不使人感到枯燥和说教的气味，具有很强的说服力和艺术效果。

晏子不死君难（《左传》）

崔武子①见棠姜②而美之，遂取③之。庄公④通焉。崔子弑⑤之。

晏子⑥立于崔氏之门外。其人⑦曰：「死乎？」曰：「独吾君也乎哉，吾死也？」曰：「行乎？」曰：「吾罪也乎哉，吾亡也？」曰：「归乎？」曰：「君死，安归？君民者⑧，岂以陵民？社稷是主。臣君者，岂为其口实⑨？社稷是养。故君为社稷死，则死之；为社稷亡，则亡之。若为己死，而为己亡，非其私暱⑩，谁敢任之？且人有君而弑之，吾焉得死之？而焉得亡之？将庸何⑪归？」门启而入，枕尸股而哭。兴，三踊而出⑫。人谓崔子：「必杀之。」崔子曰：「民之望⑬也，舍⑭之得民。」

注释

①崔武子：齐卿，即崔杼。

②棠姜：棠公的妻子。棠公是齐国棠邑大夫。

③取：同「娶」。棠公死，崔杼去吊丧，见棠姜美，就娶了她。

④庄公：齐庄公。

⑤弑：臣杀君、子杀父为弑。

⑥晏子：即晏婴，字平仲，齐国大夫。历仕灵公、庄公、景公三世。

⑦其人：晏子左右的家臣。

⑧君民者：做君主的人。

⑨口实：指俸禄。

⑩暱：亲近。

⑪庸何：即「何」，哪里。

⑫兴：起立。三踊：跳跃了三下，表示哀痛。

⑬望：为人所敬仰。

⑭舍：释放，宽大处理。

点评

齐庄公因为女人而被杀，死得很下贱，所以晏子既不为他而死，也不因他而逃亡。在晏子看来，无论国君和臣子，都应为国家负责，江山社稷国计民生不可不为，为私爱私愤则不可为，如果国君失职，臣子就不必为他尽忠。这思想在当时是很有进步意义的。文章三问三答，答中有反问，最后归结到「社稷」二字，波澜起伏，论旨鲜明。

季札观周乐（《左传》）

吴公子札①来聘，请观于周乐②。使工为之歌《周南》《召南》③，曰：「美哉！始基之④矣，犹未也，然则勤而不怨矣。」为之歌《邶⑤》《鄘⑥》《卫⑦》，曰：「美哉，渊乎！忧而不困者也。吾闻卫康叔、武公⑧之德如是，是其《卫风》乎？」为之歌《王》⑨，曰：「美哉！思而不惧，其周之东乎！」为之歌《郑⑩》，曰：「美哉！其细⑪已甚，民弗堪也。是其先亡乎？」为之歌《齐》，曰：「美哉，泱泱⑫乎！大风也哉！表东海⑬者，其大公？国未可量也。」为之歌《豳⑭》，曰：「美哉，荡⑮乎！乐而不淫，其周公之东⑯乎？」为之歌《秦》，曰：「此之谓夏声⑰。夫能夏则大，大之至也，其周之旧乎！」为之歌《魏》⑱，曰：「美哉，风风⑲乎！大而婉，险⑳而易行；以德辅此，则明主也！」为之歌《唐㉑》，曰：「思深哉！其有陶唐氏㉒之遗民乎？不然，何忧之远也？非令德之后㉓，谁能若是？」为之歌《陈㉔》，曰：「国无主，其能久乎！」自《郐㉕》以下，无讥焉！

为之歌《小雅》㉖，曰：「美哉！思而不贰，怨而不言，其周德之衰乎？犹有先王之遗民焉㉗！」为之歌《大雅》㉘，曰：「广哉！熙熙㉙乎！曲而有直体，其文王之德乎？」为之歌《颂㉚》，曰：「至矣哉！直而不倨㉛，曲而不屈；迩而不偪㉜，远而不携；迁而不淫，复而不厌；哀而不愁，乐而不荒㉝；用而不匮，广而不宣，施而不费，取而不贪，处而不底[34]，行而不流。五声[35]和，八风[36]平；节[37]有度，守有序[38]。盛德之所同也！」

见舞《象箾》《南籥》[39]者，曰：「美哉，犹有憾！」见舞《大武》[40]者，曰：「美哉，周之盛也，其若此乎？」见舞《韶濩》[41]，曰：「圣人之弘也，而犹有惭德[42]，圣人之难也！」见舞《大夏》[43]者，曰：「美哉！勤而不德[44]。非禹，其谁能修[45]之！」见舞《陬箾》[46]者，曰：「德至矣哉！大矣，如天之无不帱[47]也，如地之无不载也！虽甚盛德，其蔑以加于此矣。观止矣！若有他乐，吾不敢请已！」

注释

①吴公子札：即季札，吴王寿梦的小儿子。

②周乐：周王室的音乐舞蹈。

③《周南》《召南》：《诗经》十五国风开头的两种。以下提到的都是国风中各国的诗歌。

④始基之：开始奠定了基础。

⑤邶：周代诸侯国，在今河南汤阴南。

⑥鄘：周代诸侯国，在今河南新乡市南。

⑦卫：周代诸侯国，在今河南淇县。

⑧康叔武公：康叔为周公的弟弟，卫国开国君主。武公为康叔的九世孙。

⑨《王》：即《王风》，周平王东迁洛邑后的乐歌。

⑩郑：周代诸侯国，在今河南新郑一带。

⑪细：琐碎。这里用音乐象征政令。

⑫泱泱：宏大的样子。

⑬表东海：为东海诸侯国作表率。

⑭豳：西周公刘时的旧都，在今陕西彬县东北。

⑮荡：博大的样子。

⑯周公之东：指周公东征。

⑰夏声：正声，雅声。

⑱魏：诸侯国名，在今山西芮县北。

⑲风风：轻飘浮动的样子。

⑳险：不平，这里指乐曲的变化。

㉑唐：在今山西太原。晋国开国国君叔虞初封于唐。

㉒陶唐氏：指帝尧。晋国是陶唐氏旧地。

㉓令德之后：美德者的后代，指陶唐氏的后代。

㉔陈：国都宛丘，在今河南淮阳。

㉕郐：在今河南郑州南，被郑国消灭。

㉖《小雅》：指《诗经·小雅》中的诗歌。

㉗先王：指周代文、武、成、康等王。

㉘《大雅》：指《诗经·大雅》中的诗歌。

㉙熙熙：和美融洽的样子。

㉚《颂》：指《诗经》中的《周颂》、《鲁颂》和《商颂》。

㉛倨：傲慢。

㉜偪：同「逼」，侵逼。

㉝荒：过度。

㉞底：停顿，停滞。

㉟五声：指宫、商、角、徵、羽。

㊱八风：指金、石、丝、竹、匏、土、革、木做成的八类乐器。

㊲节：节拍。

㊳守有序：乐器演奏有一定次序。

㊴《象箾》《南籥》：舞名，一武舞一文舞。

㊵《大武》：周武王的乐舞。

㊶《韶濩》：商汤的乐舞。

㊷惭德：遗憾，缺憾。

㊸《大夏》：夏禹的乐舞。

㊹不德：不自夸有功。

㊺修：作。

㊻《韶箾》：虞舜的乐舞。

㊼帱：覆盖。

点评

中国的传统音乐源远流长，早在周朝就有了类似现代大编制交响乐团的配置，而且不同地区的音乐、舞蹈各有特色。季札有幸欣赏鲁国演奏的周乐，并且作出令人信服的评论，为后世留下这篇珍贵的史料。

季札是伟大的政治家，可能也是人类史上第一个乐评人。他不但对各地、各类音乐和舞蹈一一观赏，分别作出恰当的评论，而且把音乐和政治、文化和道德紧密联系起来，最后归结为中和之美和至圣之德，体现出高尚而全面的修养和敏锐的洞察力。最末一句『若有他乐，吾不敢请已』，既体现出季札对圣人之德之乐的敬畏之情，又免去了文字难以描述音乐之美的麻烦，不着一字便将读者引入无限的想象空间。

子产坏晋馆垣（《左传》）

公①薨之月，子产相郑伯②以如晋，晋峰以我丧故，未之见也。子产使尽坏其馆之垣③而纳车马焉。士文伯④让之，曰：『敝邑以政刑之不修，寇盗充斥，无若诸侯之属⑤辱在寡君者何，是以令吏人完客所馆，高其闬闳⑥，厚其墙垣，以无忧客使。今吾子坏之，虽从者能戒，其若异客何？以敝邑之为盟主，缮完⑦葺墙，以待宾客。若皆毁之，其何以共命⑧？寡君使匄请命⑨。』

对曰：『以敝邑褊小，介于大国，诛求⑩无时，是以不敢宁居，悉索敝赋，以来会时事⑪。逢执事之不闲，而未得见；又不获闻命，未知见时。不敢输币⑫，亦不敢暴露⑬。其输之，则君之府实也，非荐陈⑭之，不敢输也。其暴露之，则恐燥湿之不时而朽蠹，以重敝邑之罪。侨闻文公之为盟主也，宫室卑庳⑮，无观台⑯榭，以崇大诸侯之馆，馆如公寝⑰；库厩缮修，司空⑱以时平易道路，圬人⑲以时幂馆宫室；诸侯宾至，甸⑳设庭燎，仆人巡宫，车马有所，宾从有代，巾车㉑脂辖，隶人、牧、圉，各瞻其事㉒；百官之属各展其物；公不留宾㉓，而亦无废事；忧乐同之，事则巡之，教其不知，而恤其不足。宾至如归，无宁灾㉔患；不畏寇盗，而亦不患燥湿。今缇之宫㉕数里，而诸侯舍于隶人，门不容车，而不可逾越；盗贼公行，而天厉㉖不戒。宾见无时，命不可知。若又勿坏，是无所藏币以重罪也。敢请执事，将何所命之？虽君之有鲁丧，亦敝邑之忧也。若获荐币，修垣而行，君之惠也，敢惮㉗勤劳？』

文伯复命。赵文子㉘曰：『信。我实不德，而以隶人之垣以赢㉙诸侯，是吾罪也。』使士文伯谢不敏焉。

晋侯见郑伯，有加礼，厚其宴、好㉚而归之。乃筑诸侯之馆。叔向曰：『辞之不可以已也如是夫！子产有辞，诸侯赖之，若之何其释辞㉛也？《诗》曰：「辞之辑矣，民之协矣；辞之绎矣，民之莫矣㉜。」其知之矣。』

注释

①公：指鲁襄公。
②郑伯：指郑简公。
③馆之垣：宾馆的围墙。
④士文伯：晋国大夫士匄。
⑤属：臣属，属官。
⑥闬闳：指馆舍的大门。
⑦完：同『院』，指墙垣。
⑧共命：供给宾客所求。
⑨请命：请问理由。

⑩诛求：责求，勒索贡物。

⑪时事：随时朝贡的事。

⑫输币：送上财物。

⑬暴露：露天存放。

⑭荐陈：呈献并当庭陈列。

⑮卑庳：低小。

⑯台：土筑高坛。

⑰公寝：国君住的宫室。

⑱司空：负责建筑的官员。

⑲圬人：泥水工匠。

⑳甸：甸人，掌管柴火的官。

㉑巾车：管理车辆的官。

㉒隶人：清洁工。

㉓不留宾：不让来客滞留。

㉔菑：同『灾』。

㉕缇之官：晋侯的别官，在今山西沁县西南。

㉖天厉：天灾。

㉗惮：怕。

㉘赵文子：晋国大夫赵武。

㉙赢：接待。

㉚好：指宴会上送给宾客的礼物。

㉛释辞：放弃辞令。

㉜这四句诗出自《诗经·大雅·板》。辑，和顺。协，融洽。绎，同『怿』，喜悦。莫，安定。

点评

郑国是个小国，夹在大国当中受气，此行是去献贡物，表示对盟主的恭敬和孝顺。但仅仅因为国君没有接见，就动怒拆毁了该国客舍的围墙，还以巧妙动听的言辞，说得对方连赔不是，不仅国君出来接见，而且还礼遇有加，满意且满载而归。由此我们就不得不对子产的所作所为刮目相看，佩服他的勇气和骨气。作者善于描写复杂的国际关系和外交辞令，由此可见一斑。

子产论尹何为邑（《左传》）

子皮①欲使尹何②为邑。子产曰：「少③，未知可否。」子皮曰：「愿④，吾爱之，不吾叛也。使夫往而学焉，夫⑤亦愈知治矣。」子产曰：「不可。人之爱人，求利之⑥也。今吾子爱人则以政。犹未能操刀而使割也，其伤实多。子之爱人，伤之而已，其⑦谁敢求爱于子？子于郑国，栋⑧也。栋折榱⑨崩，侨将厌焉，敢不尽言？子有美锦⑩，不使人学制焉。大官大邑，身之所庇也，而使学者制焉。其为美锦，不亦多乎⑪？侨闻学而后入政⑫，未闻以政学者也。若果行此，必有所害。譬如田猎，射御⑬贯，则能获禽；若未尝登车射御，则败绩厌覆⑭是惧，何暇思获？」

子皮曰：「善哉！虎不敏⑮。吾闻君子务知大者、远者，小人务⑯知小者、近者。我，小人也。衣服附在吾身，我知而慎之；大官、大邑，所以庇身也，我远⑰而慢之。微⑱子之言，吾不知也。他日我曰：「子为郑国，我为吾家⑲，以庇焉，其可也。」今而后知不足。自今请⑳虽吾家，听子而行。」子产曰：「人心之不同，如其面焉。吾岂敢谓子面如吾面乎？抑㉑心所谓危，亦以告也。」子皮以为忠㉒，故委政焉。子产是以㉓能为郑国。

注释

①子皮：郑国大夫，名罕虎，公孙舍的儿子。

②尹何：子皮的年轻家臣。

③少：年轻。

④愿：谨慎老实。

⑤夫：人称代词，他。下句的「夫」同。

⑥利之：使之有利。

⑦其：难道。用于句首，表示反问。

⑧栋：栋梁。

⑨榱：屋椽。

⑩锦：有彩色花纹的绸缎。

⑪其为美锦，不亦多乎：它比起美锦来价值不就更多吗？这是说官邑重于美锦。

⑫入政：参加管理政务。

⑬射御：射箭驾车。

⑭厌覆：指乘车的人被倾覆辗压

⑮敏：聪明。

⑯务：致力。

⑰远：疏远，疏忽。

⑱微：无，非。
⑲家：卿大夫的采地食邑。
⑳请：请求。
㉑抑：不过，然而。表示转折的连词。
㉒子皮以为忠：子皮以子产为忠。
㉓是以：因此。

点评

文章记述了郑国的上卿子皮和继任子产的一段对话，既表现了子产的远见卓识和知无不言的坦诚态度，也写出了子皮的虚怀若谷、从善如流。二人互相信任、互相理解，堪称人际关系的楷模。文章围绕用人问题展开对话，下笔开门见山，收笔一唱三叹，叙述线索清晰，人物形象鲜明突出，语言简练畅达，善用比喻，层层论证，令人信服。

子产却楚逆女以兵（《左传》）

楚公子围①聘于郑，且娶于公孙段氏②。伍举③为介。将入馆，郑人恶④之。使行人⑤子羽与之言，乃馆于外。

既聘，将以众逆⑥。子产患之，使子羽辞曰：「以敝邑偏小，不足以容从者，请墠⑦听命！」令尹使太宰⑧伯州犁对曰：「君辱贶⑨寡大夫围，谓围：『将使丰氏⑩抚有而室。』围布几筵⑪，告于庄、共⑫之庙而来。若野赐之⑬，是委君贶于草莽也！是寡大夫不得列于诸卿也！不宁唯是，又使围蒙⑭其先君，将不得为寡君老⑮，其蔑以复矣。唯大夫图之！」子羽曰：「小国无罪，恃⑯实其罪。将恃大国之安靖⑰己，而无乃包藏祸心⑱以图之。小国失恃而惩⑲诸侯，使莫不憾者，距违君命，而有所壅塞⑳不行是惧！不然，敝邑，馆人㉑之属也，其敢爱丰氏之祧㉒？」伍举知其有备也，请垂櫜㉓而入。许之。

注释

①公子围：楚康王的弟弟，当时担任令尹（楚国掌握军政大权的最高官员）。
②公孙段氏：郑大夫，名子石。
③伍举：又称椒举，伍子胥的祖父。
④恶：讨厌、憎恨。
⑤行人：官名，管朝觐聘问之事，类似于后世的外交官。
⑥逆：迎。
⑦墠：郊外祭祀的场地。
⑧太宰：官名，掌管王家内外事务。

⑨贶：赠送，赐予。
⑩丰氏：即公孙段氏。公孙段食邑一丰，故称丰氏。
⑪几筵：古时的一种祭席。
⑫庄、共：楚庄王、共王。庄王是公子围的祖父，共王是他的父亲。
⑬若野赐之：意谓在城外成婚礼。
⑭蒙：欺。
⑮老：大臣。
⑯恃：指依靠大国而自己无防备。
⑰靖：安定。
⑱包藏祸心：外表和好，心怀恶意。
⑲惩：警戒。
⑳壅塞：阻塞不通。
㉑馆人：管理客馆，招待宾客的人。
㉒祧：远祖的庙。
㉓垂櫜：表示袋子里没有装弓箭之类的武器。櫜，盛弓箭的袋子。

点评

郑国想借婚姻关系来减轻楚国对它的压力，楚国却想以迎娶为名，对郑国来个突然袭击。子产一眼就看穿了楚国的阴谋，也就针锋相对，限制迎亲的范围。楚国因此提出抗议，说得冠冕堂皇，很难驳倒。子羽戳穿了他的阴谋，但言语直白却不卑不亢，又说这一切都是为楚国着想，免得它失去各诸侯国的信任。这样一来，楚国的新郎虽然带来全副武装的队伍，也只好规规矩矩了。两国联姻的婚庆气氛与暗中的文争武斗，在极短的篇幅内写来举重若轻，曲折生动而又自然而然。

子革对灵王（《左传》）

楚子①狩于州来②，次于颍尾③，使荡侯、潘子、司马督、嚣尹午、陵尹喜④帅师围徐以惧吴。楚子次于乾溪⑤，以为之援。

雨雪，王皮冠、秦复陶、翠被、豹舄⑥，执鞭以出。仆析父⑦从。右尹子革⑧夕，王见之，去冠、被，舍鞭，与之语，曰：「昔我先王熊绎⑨与吕伋⑩、王孙牟⑪、燮父⑫、禽父⑬并事康王⑭。四国皆有分⑮，我独无有。今吾使人于周，求鼎⑯以为分，王其与我乎？」

对曰：「与君王哉！昔我先王熊绎辟在荆山⑰，筚路蓝缕⑱以处草莽，跋涉山林以事天子，唯是桃弧棘矢⑲以共御王事。齐，王舅也⑳；晋及鲁、卫，王母弟也㉑。楚是以无分，而彼皆有。今周与四国

⑭康王：即周康王，周成王的儿子。

⑮分：分器，古代天子分封诸侯时所赐的宝器叫分器。

⑯鼎：九鼎。相传为夏禹所铸，夏、商、周三代视为传国之宝。

⑰荆山：楚人的发祥地，在今湖北南漳县西。

⑱筚路蓝缕：柴车破衣。

⑲桃弧棘矢：桃木做的弓，棘木做的箭。

⑳齐，王舅也：周成王的母亲是姜太公的女儿，所以说齐君是周王的舅父。

㉑晋及鲁、卫，王母弟也：晋、鲁、卫三国国君姓姬，和周王是同姓。而且他们的始封君主，先后是周王的兄弟辈。晋的开国君主唐叔虞是周成王的弟弟。鲁的始封君主是周公旦的儿子伯禽，周公旦是周武王的弟弟。卫的开国君主康叔也是周武王的弟弟。故统说为『王母弟也』。

㉒昆吾：陆终氏生六子，长名昆吾，少名季连。季连是楚的远祖，所以称其为『皇祖伯父』。

㉓许：周初所分封的诸侯国之一，在今河南许昌。后许国南迁，其地为郑所有。

㉔陈、蔡，不羹：陈、蔡，本为周武王灭商后所封的诸侯国，后两国均为楚国所灭。不羹，地名，有东西二邑。

㉕赋：指兵车。当时是按田赋出兵车。

㉖四国：指陈、蔡和东西不羹。

㉗工尹路：工尹，是楚国的工官之长。路，人名。

㉘剥圭以为鏚柲：破开圭玉装饰斧杯。圭，一种玉制礼器。鏚，斧头。柲，柄。

㉙摩厉以须：摩厉，同『磨砺』。厉，磨刀石。须，等待。

㉚左史：官名。周代有左史、右史之分。左史记言，右史记事。春秋时晋楚两国都设有左史。

㉛《三坟》《五典》《八索》《九丘》：都是上古的书名。散佚无考。

㉜穆王：周穆王，名满，昭王的儿子。

㉝祭公谋父：周朝的卿士。

㉞祗宫：穆王的别宫。故址在今陕西南郑县。

㉟愔愔：镇静和乐的样子。

㊱式：句首助词，无实义。

㊲度：仪表，行为。

㊳形：同『型』，有衡量的意思。

㊴馈：向尊长进奉食物。

㊵及于难：前五二九年，即子革对灵王后的第二年，楚国内乱，灵王兵溃逃走，途中自缢而死。

点评

楚灵王即位后，经过多次征战，终于在会盟中压倒晋国，重新成为霸主。但他的霸业完全依靠武力和威压，楚国国内也有大量不稳定因素。他不思采用怀柔手段稳固政权基础，反而再次出兵与吴国争夺徐国。他与子革三问三答，子革都随声附和，旁观者都嫌他肉麻，岂知这是欲擒故纵。子革终于选择一个适当时机，用周穆王的故事，一举击中楚灵王要害，使他内心震动，坐卧不安。这种进谏方式非常奇特。描写灵王的服饰和动作，更烘托出他那骄横的气概。文章结尾引用孔子的话，以克己复礼和『仁』字笼罩全篇，尤其精妙。

子产论政宽猛（《左传》）

郑子产有疾。谓子太叔曰：『我死，子必为政。唯有德者能以宽服民，其次莫如猛。夫火烈，民望而畏之，故鲜死焉。水懦弱，民狎而玩之，则多死焉，故宽难。』疾数月而卒。

太叔为政，不忍猛而宽。郑国多盗，取①人于萑苻②之泽。太叔悔之，曰：『吾早从夫子，不及此。』兴徒兵以攻萑苻之盗，尽杀之，盗少止。

仲尼曰：『善哉！政宽则民慢，慢则纠之以猛。猛则民残，残则施之以宽。宽以济猛，猛以济宽，政是以和。』《诗》曰：『民亦劳止，汔③可小康；惠此中国，以绥四方。』施之以宽也。『毋从④诡随⑤，以谨无良；式遏寇虐，惨不畏明。』纠之以猛也。『柔远能迩，以定我王。』平之以和也。又曰：『不竞不絿⑥，不刚不柔，布政优优，百禄是遒⑦。』和之至也。』

及子产卒，仲尼闻之，出涕曰：『古之遗爱也。』

注释

①取：同『聚』。

②萑苻：芦苇丛生的水泽，代指强盗出没的地方。

③汔：接近，差不多。

④从：通『纵』。

⑤诡随：放肆谲诈。

⑥絿：急，急躁。

⑦道：迫近，聚集。

点评

全文通过子产授政、太叔用宽以及孔子的评价，阐明了为政应当『宽以济猛，猛以济宽』，宽猛相济的观点。这种观点既是郑子产执政二十多年内政外交的经验总结，也是先秦儒家对历史政治统治经验的高度概括和提炼。后来，它便成为中国历代统治者治理国家的根本手段。

文章观点鲜明，层次清楚，结构完整；善于运用通俗浅显的比喻说明深刻的道理；善于通过人物的对话、言论，刻画人物性格特征，塑造了子产、太叔、孔子等栩栩如生的人物形象，是一篇颇具文学色彩的历史短文。

吴许越成（《左传》）

吴王夫差败越于夫椒[1]，报檇李[2]也。遂入越。越子以甲楯五千保于会稽[3]，使大夫种因吴太宰嚭[4]以行成。

吴子将许之。伍员[5]曰：「不可。臣闻之：『树德莫如滋，去疾莫如尽。』昔有过浇杀斟灌以伐斟鄩[6]，灭夏后相[7]。后缗[8]方娠，逃出自窦，归于有仍[9]，生少康[10]焉，为仍牧正，惎[11]浇能戒之。浇使椒[12]求之，逃奔有虞[13]，为之庖正[14]，以除其害。虞思[15]于是妻之以二姚，而邑诸纶[16]，有田一成，有众一旅。能布其德，而兆其谋，以收夏众，抚其官职；使女艾[17]谍[18]浇，使季杼[19]诱豷[20]，遂灭过、戈[21]，复禹之绩。祀夏配天，不失旧物。今吴不如过，而越大于少康，或将丰之，不亦难乎？勾践能亲而务施，施不失人，亲不弃劳，与我同壤而世为仇雠。于是乎克而弗取，将又存之，违天而长[22]寇雠，后虽悔之，不可食[23]已。姬[24]之衰也，日可俟也[25]。介在蛮夷，而长寇雠，以是求伯，必不行矣。」

弗听。退而告人曰：「越十年生聚，而十年教训，二十年之外，吴其为沼乎！」

注释

①夫椒：在今江苏吴县太湖中，即包山。

②檇李：吴、越边界地名。今浙江嘉兴县一带。定公十四年，越曾大败吴军于此地。

③会稽：山名，在今浙江绍兴市。

④嚭：吴国大臣名，善于逢迎，深得吴王夫差宠信。

⑤伍员：即伍子胥，吴国大夫。

⑥有过浇杀斟灌以伐斟鄩：斟灌又去攻打斟鄩。有过，夏朝国名，今山东掖县北。浇，人名，寒浞的儿子。斟灌，夏时国名，今山东寿光县东北。斟鄩，夏朝国名，今山东潍县西南。

⑦夏后相：夏朝第五代王，少康的父亲。

⑧后缗：夏后相的妻子。

⑨有仍：国名，今山东济宁县。后缗是有仍国的女儿，所以逃归娘家。

⑩少康：夏后相的遗腹子。

⑪惎：憎恨。

⑫椒：浇的大臣。

⑬有虞：姚姓国，今山西永济县。

⑭庖正：掌管膳食的官。

⑮虞思：虞国的国君。

⑯纶：地名，今河南虞城县东南。

⑰女艾：少康臣。

⑱谍：暗地察看。

⑲季杼：少康的儿子。

⑳豷：浇的弟弟。

㉑戈：豷的封国。

㉒长：助长。

㉓不可食：吃不消。

㉔姬：吴与周王朝同姓，姬姓国之一。

㉕日可俟也：犹言指日可待。俟，等待。

点评

本文记述伍子胥劝阻吴王许越议和。他以古例今，说得非常恳切，无奈吴王骄傲自大，忘乎所以，根本听不进去。伍子胥后来因忠谏而死，他那『十年生聚、十年教训』的话，准确地说中了后来越王勾践卧薪尝胆，最后灭掉吴国的历史。

本文题为『吴许越成』，意指是吴国允许越国后来灭掉吴，可谓直截了当，惊心动魄。在作者笔下，我们既看到了伍子胥这个古代忠臣的形象，也看到骄傲自大、利令智昏的昏君形象，并为之感慨不已。

祭公谏征犬戎（《国语》）

穆王①将征犬戎②，祭公谋父③谏曰：『不可。先王耀德不观兵。夫兵，戢④而时动，动则威；观则玩，玩则无震⑤。是故周文公⑥之《颂》曰：「载戢干戈⑦，载櫜⑧弓矢；我求懿德⑨，肆于时夏⑩。允王⑪保之。」先王之于民也，茂⑫正其德，而厚其性；阜⑬其财求，而利其器用；明利害之乡⑭，以文修之，使务利而避害，怀德而畏威，故能保世以滋大⑮。

『昔我先世后稷，以服事虞夏。及夏之衰也，弃稷弗务，我先王不窋，用失其官，而自窜于戎翟之间。不敢怠业，时序其德，纂修其绪，修其训典；朝夕恪勤，守以惇笃，奉以忠信，奕世载德，不忝前人。至于武王，昭前之光明，而加之以慈和，事神保民，莫不欣喜。商王帝辛，大恶于民，庶民弗忍，欣戴武王，以致戎于商牧。是先王非务武也，勤恤民隐，而除其害也。

『夫先王之制：邦内甸服，邦外侯服，侯、卫宾服，夷、蛮要服，戎、狄荒服。甸服者祭，侯服者祀，宾服者享，要服者贡，荒服者王。日祭，月祀，时享，岁贡，终王，先王之训也。

『有不祭，则修意；有不祀，则修言；有不享，则修文；有不贡，则修名；有不王，则修德。序成而有不至，则修刑。于是乎有刑不祭，伐不祀，征不享，让不贡，告不王。于是乎有刑罚之辟，有攻伐之兵，有征讨之备，有威让之令，有文告之辞。布令陈辞，而又不至，则又增修于德，无勤民于远。

『是以近无不听，远无不服。今自大毕、伯士之终也，犬戎氏以其职来王，天子曰：「予必以不享征之」，且观之兵，其无乃废先王之训，而王几顿乎？吾闻夫犬戎树惇，能帅旧德，而守终纯固，其有以御我矣。』

王不听，遂征之，得四白狼、四白鹿以归。自是荒服者不至。

注释

①穆王：周天子，名满。康王之孙，昭王的儿子。

②犬戎：我国古代西方民族名，即昆戎。商朝和周朝时，在今陕西泾水渭水流域游牧。

③祭公谋父：周穆王的大臣，封于祭，故叫祭公。谋父是他的字。

④戢：聚集，收藏。

⑤震：惧怕。

⑥周文公：即周公，『文』是他的谥号。周公是周武王的弟弟，名旦，也称叔旦。

⑦干戈：兵器名。

⑧櫜：古时收藏弓箭的袋子。这里用作动词，把弓箭收藏起来。

⑨懿德：美德。

⑩夏：中国。

⑪王：指周武王。

⑫茂：通『懋』，勉励。

⑬阜：大，多。

⑭乡：所在。

⑮滋：增益，加多。

点评

周穆王妄想自己的车辙马迹遍天下，无缘无故要征伐犬戎。祭公从『耀德不观兵』的观点出发，引经据典，苦心劝阻。穆王不听，硬要出兵。结果是犬戎从此不朝，穆王只得到四只白狼，四只白鹿。这对穷兵黩武者来说，真是绝妙的讽刺。这件事是周失德的开始。左丘明的《国语》从西周穆王写起，大概是因为周穆王是西周失德的第一个君王吧。

召公谏厉王止谤（《国语》）

厉王虐，国人谤①王。召公告曰：『民不堪命矣！』王怒，得卫巫②，使监谤者。以告，则杀之。国人莫③敢言，道路以目④。

王喜，告召公曰：『吾能弭谤矣，乃不敢言。』召公曰：『是障⑤之也。防民之口，甚于防川。川壅⑥而溃，伤人必多，民亦如之。是故为川者决之使导⑦，为民者宣之使言⑧。故天子听政⑨，使公卿⑩

至于列士诗，瞽献曲⑪，史献书⑫，师箴⑬，瞍赋⑭，矇诵⑮，百工⑯谏，庶人传语⑰，近臣尽规⑱，亲戚补察⑲，瞽、史教诲，耆、艾修之⑳，而后王斟酌焉㉑，是以事行而不悖㉒。民之有口，犹土之有山川也，财用于是乎出㉓；犹其有原隰衍沃也㉔，衣食于是乎生。口之宣言也，善败于是乎兴㉕。行善而备败，其所以阜财用衣食者也㉖。夫民虑之于心而宣之于口，成而行㉗之，胡可壅也？若壅其口，其与能几何㉘？」

王不听，于是国人莫敢出言。三年，乃流王于彘㉙。

注释

① 谤：公开批评指责别人的过失。后来一般作贬义词。

② 巫：古代以降神事鬼为职业的人。

③ 莫：没有谁。

④ 目：用眼睛看看，用作动词。表示敢怒不敢言。

⑤ 障：防水堤坝，用作动词，堵塞。

⑥ 壅：堵塞。

⑦ 为川者决之使导：治水的人疏通河道使它畅通。

⑧ 宣之使言：治民者必宣导百姓，使之尽言。宣，放，开导。

⑨ 听政：治理国政。听，治理，处理。

⑩ 公卿：三公九卿。

⑪ 瞽献曲：盲人乐师向国王进献乐曲。瞽，无目，失明的人。

⑫ 史献书：史官向国王进献记载史实的书籍。

⑬ 师箴：少师进献规劝的文辞。箴，规谏的文辞。

⑭ 瞍赋：无眸子的盲人吟咏（公卿列士所献的诗）。

⑮ 矇诵：有眸子而看不见的盲人诵读（讽谏的文章）。矇，有眸子而看不见东西的人。

⑯ 百工：百官。

⑰ 庶人传语：百姓的意见间接传给国王。

⑱ 近臣尽规：常在左右的臣子进献规谏的话。尽规，尽力规劝。

⑲ 亲戚补察：同族的亲属，弥补并监察国王的过失。

⑳ 耆、艾修之：国内元老大臣把这些规谏修饰整理。耆，六十岁的人。艾，五十岁的人。

㉑ 而后王斟酌焉：而后由国王仔细考虑，付之实行。

㉒ 是以事行而不悖：国王的行事由此才不至于违背事理。事行，政事畅行，政令通行。

㉓ 于是乎出：从这里生产出来。于，从。是，这。

㉔ 犹其有原隰衍沃也：就好比土地有原隰衍沃的一样。原，宽阔。隰，地下而潮湿的土地。衍，地下而平坦的土地。沃，肥美的土地。

㉕口之宣言也，善败于是乎兴：由于百姓用口发表意见，国家政治的好坏才能从中表现出来。善败，治乱。兴，暴露出来。

㉖行善而备败，其所以阜财用衣食者也：这两句是说，凡是老百姓认为好的就做，反之就得加以防备，这是增多衣食财物的办法。备：防备。

㉗行：自然流露，自然表现。

㉘其与能几何：那赞同的人能有多少呢？

㉙乃流王于彘：把国王放逐到彘地去。彘，地名，在今山西省霍县境内。

点评

本篇在结构上是谏因、谏言、谏果的三段式。首尾叙事，中间记言，事略言详，记言为主，体现了《国语》的一般特点。召公的谏词，前后都是比喻。前一个比喻，说明『防民之口』的害处；后一个比喻，说明『宣之于口』的好处。只有中间一段切入正题，以『天子听政』总领下文，从正面写了『宣之使言』的种种好处。从公卿列士，史、瞽、师、蒙，到百工庶人，广开言路，畅所欲言，而后经天子斟酌取舍，补察时政，就使政策、政令不背真理。如此，恰当生动的比喻与严肃认真的正题有机结合，夹和成文，笔意纵横，态度真诚，用心良苦。

襄王不许请隧（《国语》）

晋文公既定襄王于郏①，王劳之以地，辞，请隧②焉。王弗许，曰：『昔我先王之有天下也，规方千里，以为甸服③，以供上帝山川百神之祀，以备百姓兆民之用，以待不庭④、不虞之患。其余，以均分公、侯、伯、子、男，使各有宁宇，以顺及天地，无逢其灾害。先王岂有赖焉？内官不过九御，外官不过九品，足以供给神祇⑤而已，岂敢厌纵其耳目心腹，以乱百度⑥？亦唯是死生之服物采章，以临长百姓而轻重布之，王何异之有？』

『今天降祸灾⑦于周室，余一人仅亦守府，又不佞以勤叔父⑧，而班先王之大物以赏私德，其叔父实应且憎，以非余一人，余一人岂敢有爱也？先民有言曰：「改玉改行。」叔父若能光裕大德，更姓改物⑨，以创制天下，自显庸也，而缩取备物，以镇抚百姓，余一人其流辟⑩于裔土，何辞之有与？若犹是姬姓也，尚将列为公侯，以复先王之职，大物其未可改也。叔父其茂昭明德，物将自至，余何敢以私劳变前之大章，以忝天下，其若先王与百姓何？何政令之为也？若不然，叔父有地而隧焉，余安能知之？』

文公遂不敢请，受地而还。

注释

①郏：今河南洛阳西。

②隧：掘墓道安葬，古时天子的葬礼。

③甸服：国都近郊之地。

④不庭：不来进贡。

⑤神祇：天神和地神。
⑥百度：各种法令、法度。
⑦天降祸灾：周王朝发生内乱。
⑧叔父：天子对同姓诸侯的称呼。
⑨更姓改物：改朝换代。
⑩流辟：放逐并受刑罚。

点评

晋文公要求自己死后以天子之礼埋葬，其实与楚王问鼎的意思相同，都是在以小小的僭越来探测周天子的深浅。这位鼓吹尊王攘夷的霸主，狐狸尾巴终于露出来了。周襄王虽然为此大为恼火，但只能尽量委婉，口称『叔父』，重重铺陈义理，娓娓道来，不敢据理直言。从这里更能看出春秋时诸侯之强大与放肆、周王室的衰微以及隐忍。

单子知陈必亡（《国语》）

定王①使单襄公②聘于宋。遂假道于陈，以聘于楚。火朝觌矣③，道茀④不可行也。候⑤不在疆，司空⑥不视涂，泽不陂⑦，川不梁⑧，野有庾⑨积，场功⑩未毕，道无列树⑪，垦田若蓺⑫，膳宰不置饩⑬，司里⑭不授馆，国无寄寓⑮，县无旅舍。民将筑台于夏氏⑯。及陈，陈灵公与孔宁、仪行父南冠⑰以如夏氏，留宾不见。

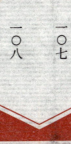

单子归，告王曰：『陈侯不有大咎，国必亡。』王曰：『何故？』对曰：『夫辰角见而雨毕，天根见而水涸，本见而草木节解，驷见而陨霜，火见而清风戒寒。故《先王之教》曰：「雨毕而除道，水涸而成梁，草木节解而备藏，陨霜而冬裘具，清风至而修城郭宫室。」故《夏令》曰：「九月除道，十月成梁。」其时儆曰：「收而场功，待而畚梮⑱，营室之中，土功其始，火之初见，期于司里。」此先王所以不用财贿，而广施德于天下者也。今陈国火朝觌矣，而道路若塞，野场若弃，泽不陂障，川无舟梁，是废先王之教也。

『《周制》有之曰：「列树以表道⑲，立鄙食以守路⑳，国有郊牧，疆有寓望，薮㉑有圃草，囿有林池，所以御灾也，其余无非谷土，民无悬耜，野无奥草㉒。不夺民时，不蔑㉓民功。有优㉔无匮，有逸无罢。国有班事㉕，县有序民。」今陈国道路不可知，田在草间，功成而不收，民罢于逸乐，是弃先王之法制也。

『周之《秩官》㉖有之曰：「敌国㉗宾至，关尹㉘以告，行理㉙以节逆之，候人为导，卿出郊劳，门尹除门，宗祝执祀，司里授馆，司徒具徒，司空视途，司寇诘奸，虞人㉚入材，甸人积薪，火师监燎，水师监濯，膳宰致飧㉛，廪人献饩，司马陈刍，工人展车，百官以物至，宾入如归。是故小大莫不怀爱。其贵国之宾至，则以班加一等，益虔。至于王吏，则皆官正莅事，上卿监之。若王巡守，则君亲监之。」今虽朝也不才，有分族于周，承王命以为过宾㉜于陈，而司事莫至，是蔑先王之官也。

「《先王之令》有之曰：「天道赏善而罚淫，故凡我造国，无从非彝㉝，无即慆淫㉞，各守尔典，以承天休㉟。」今陈侯不念胤续之常，弃其伉俪妃嫔，而帅其卿佐以淫于夏氏，不亦嬻姓矣乎？陈，我大姬㊱之后也。弃衮冕而南冠以出，不亦简彝乎？是又犯先王之令也。

「昔先王之教，懋㊲帅其德也，犹恐殒越㊳。若废其教而弃其制，蔑其官而犯其令，将何以守国？居大国之，而无此四者，其能久乎？」

六年，单子如楚。八年，陈侯杀于夏氏。九年，楚子入陈。

注释

①定王：周定王。
②单襄公：名朝，定王的卿士。
③火朝觌矣：此指夏历十月，心宿早见于东方。火，即二十八宿中的心宿，又叫商星，是一颗恒星。觌，见。
④道茀：野草塞路。
⑤候：候人。路上迎送宾客的官吏。
⑥司空：官名。西周始置，春秋、战国时沿用。它的职责是掌管工程建设，包括修治道路。
⑦陂：泽边堵水的堤岸。
⑧梁：桥梁。

⑨庾：露天谷仓。
⑩场功：指收割庄稼。场，打粮、晒粮的地方。
⑪列树：古时候在道路两旁种树作为标记。
⑫蓺：茅草。
⑬饩：活的牲畜。
⑭司里：掌管客馆的官。
⑮寄寓：犹言旅馆。
⑯夏氏：指陈大夫夏征舒家。陈灵公与征舒母夏姬公开淫乱，所以要老百姓给夏氏筑台。
⑰南冠：楚国的帽子。
⑱畚梮：土箕和扁担。
⑲表道：标识道路。
⑳立鄙食以守路：郊外路边设食以接待宾客。
㉑薮：多草的洼地。
㉒奥草：长得很深的草。
㉓蔑：废弃、浪费。

㉔优：宽裕。
㉕班事：劳役按次序进行。
㉖《秩官》：记载周常任官制的书。
㉗敌国：地位相当的国家。
㉘关尹：驻守关口的官员。
㉙行理：管理外交事务的官员。
㉚虞人：管理山林的人。
㉛飧：熟食。
㉜过宾：过路的宾客。
㉝彝：常道，法度。
㉞慆淫：轻慢放荡。
㉟休：吉祥。
㊱大姬：即太姬，周武王的女儿，陈的远祖。
㊲懋：勉力。
㊳殒越：坠落。

点评

单襄公受周定王委派，前去宋、楚等国聘问。路过陈国时，他看到路上杂草丛生，边境上也没有迎送宾客的人，到了国都，陈灵公跟大臣一起戴着楚国时兴的帽子去了著名的寡妇夏姬家，丢下周天子的代表不接见。单襄公回到京城后，跟定王说，陈侯本人如无大的灾难，陈国也一定会灭亡。

本文把重点放在单襄公的论述上，这种论述引经据典，从小见大，层层深入，条理井然，使准确的预言显得合情合理，无懈可击。结尾以两年后陈灵公因与夏姬私通而被夏姬的儿子射死，三年后被楚庄王攻占的结果，宣告了单襄公预言的实现。

展禽论祀爰居（《国语》）

海鸟曰『爰居』，止于鲁东门之外二日。臧文仲使国人祭之。展禽①曰：『越哉，臧孙之为政也！夫祀，国之大节也，而节，政之所成也。故慎制祀以为国典。今无故而加典，非政之宜也。

『夫圣王之制祀也，法施于民则祀之，以死勤事则祀之，以劳定国则祀之，能御大灾则祀之，能捍大患则祀之。非是族也，不在祀典。昔烈山氏②之有天下也，其子曰柱，能植百谷百蔬。夏之兴也，周弃③继之，故祀以为稷。共工氏④之伯九有也，其子曰后土，能平九土⑤，故祀以为社。黄帝能成命⑥百物，以明民共财。颛顼⑦能修之，帝喾⑧能序三辰以固民，尧能单⑨均刑法以仪民，舜勤民事而野死，鲧障洪水而殛死，禹能以德修鲧之功，契⑩为司徒而民辑，冥⑪勤其官而水死，汤以宽治民而除其邪，稷⑫勤百谷而山死，文王以文昭，武王去民之秽。故有虞氏禘⑬黄帝而祖颛顼，郊尧而宗舜；夏后氏禘黄帝而祖颛顼，郊鲧而宗禹；商人禘舜而祖契，郊冥而宗汤；周人禘喾而郊稷，祖文王而宗武王。幕，能帅颛顼者也，有虞氏报焉；杼，能帅禹者也，夏后氏报焉；上甲微，能帅契者也，商人报焉；高圉、太王，能帅稷者也，周人报焉。凡禘、郊、祖、宗、报，此五者，国之典祀也。加之以社稷山川之神，皆有功烈于民者也。及前哲令德之人，所以为民质⑭也；及天之三辰，民所以瞻仰也；及地之五行⑮，所以生殖也；及九州名山川泽，所以出财用也。非是，不在祀典。今海鸟至，已不知而犯之，以为国典，难以为仁且知矣。夫仁者讲功，而知者处物。无功而祀之，非仁也；不知而不问，非知也。今兹海其有灾乎？夫广川之鸟兽，恒知而避其灾也。」

是岁也，海多大风，冬暖。文仲闻柳下季之言，曰：「信吾过也。季子之言，不可不法也。」使书以为三策⑯。

注释

①展禽：即柳下惠（季），鲁大夫。

②烈山氏：即神农氏。

③弃：传说为周之始祖，尧舜时农官。

④共工氏：传说不一，一说为水官。

⑤九土：九州的土地。

⑥命：名。成命：定百物之名。

⑦颛顼：即高阳氏，黄帝之孙。

⑧帝喾：即高辛氏，黄帝之曾孙。

⑨单：通「殚」，尽。

⑩契：传说为商之始祖。

⑪冥：契六世孙，夏时水官。

⑫稷：即弃。

⑬禘：与后面的祖、郊、宗、报，均为祭礼名。

⑭质：信。

⑮五行：金、木、水、火、土。

⑯策：古代写字用的竹简或木板。

点评

本文写臧文仲叫国人去祭祀海鸟「爰居」，引起展禽的一番大议论。这番议论反映出，只有为人民建立了功劳的人以及有益于人民的事物，大家才把它当作神来祭祀。所以，古代人祭祀天地和祖先，不是因为畏惧它们而祭祀，而是感怀其德而祭祀。违背这一原则就是淫祀。孔子说过『非其鬼而祭之，谄也』。后人祭祀，却往往大失原则，不论是神佛精怪还是关公财神，一律加以祭祀，真正追悼祖先的祭祀却消亡了。这纯粹是一种功利主义，是迷信。

里革断罟匡君（《国语》）

宣公①夏滥于泗②渊，里革③断其罟④而弃之，曰：『古者大寒降，土蛰发，水虞⑤于是乎讲⑥罛罶⑦，取名鱼，登川禽⑧，而尝之寝庙⑨，行诸国，助宣气⑩也。鸟兽孕，水虫成，兽虞⑪于是乎禁罝罗⑫，猎⑬鱼鳖，以为夏槁，助生阜也。鸟兽成，水虫孕，水虞于是乎禁罜⑭，设阱鄂⑮，以实庙庖，畜功用也。且夫山不槎蘖⑯，泽不伐夭⑰，鱼禁鲲鲕⑱，兽长麑麋⑲，鸟翼鷇⑳卵，虫舍蚳蝝㉑，蕃庶物也，古之训也。今鱼方别孕，不教鱼长，又行网罟，贪无艺㉒也。』

公闻之，曰：『吾过㉓而里革匡我，不亦善乎！是良罟也！为我得法。使有司㉔藏之，使吾无忘谂㉕。』师存㉖侍，曰：『藏罟不如置里革于侧之不忘也。』

注释

①宣公：即鲁宣公。

②泗：水名，发源于山东蒙山南麓。

③里革：鲁国大夫。

④罟：网。

⑤水虞：古代官名，掌管水产。

⑥讲：研究，练习。

⑦罛罶：鱼网、鱼笼。

⑧川禽：水中动物，如鳖龟之类。

⑨寝庙：古代宗庙。古代宗庙分庙和寝两部分。供祀祖宗的前殿称庙，藏祖宗衣冠的后殿称寝，合称寝庙。

⑩宣气：宣发阳气。

⑪兽虞：古代官名，掌管鸟兽的禁令等。

⑫罝罗：捕兽捕鸟的网。

⑬猎：刺取。

⑭罜：小鱼网。

⑮阱鄂：为猎取野兽而设的陷坑，一般埋有尖木桩。

⑯蘖：树木的嫩芽。也指树木被砍伐后所生的新芽。

⑰夭：初生的草木。

⑱鲲鲕：鱼子、鱼卵。
⑲麑麋：幼鹿、幼麋。
⑳觳：待哺食的雏鸟。
㉑蚳蝝：蚁卵蝗的幼虫，是古人做酱的原料。
㉒艺：限度。
㉓过：过失，错误。
㉔有司：官吏。古代设官分职，各有专司，因称官吏为『有司』。
㉕谂：规谏。
㉖师：乐师，名存。

点评

中国自古以来，对于有益于人类的鸟兽虫鱼，总是采取有节制的捕获策略。这大概也就是我们今天所说的『可持续发展』的观点吧。

本文写鲁宣公不顾时令，下网捕鱼，里革当场割破鱼网，强行劝阻的经过。情节虽简，却极尽起伏变化之妙；事情虽小，却蕴含深刻的道理。里革先声夺人，引古论今，批评宣公任意捕鱼的行动破坏自然，是出于贪心。乐师存也是快人快语，使『匡君』的主题更加突出。鲁宣公不懂得这些道理，受到里革的批评，但他那种勇于改正错误的精神还是值得肯定的。

敬姜论劳逸（《国语》）

公父文伯①退朝，朝其母②，其母方绩③。文伯曰：『以歜④之家而主⑤犹绩，惧干季孙⑥之怒也。其以歜为不能事主乎？』其母叹曰：『鲁其亡乎？使僮子备官⑦而未之闻耶？居⑧，吾语女。昔圣王之处民也，择瘠土⑨而处之，劳其民而用之，故长王天下。夫民劳则思，思则善心生；逸则淫，淫则忘善；忘善则恶心生。沃土之民不材，淫也。瘠土之民，莫不向义，劳也。是故天子大采⑩朝日⑪，与三公九卿，祖识⑫地德⑬，日中考政，与百官之政事。师尹惟旅牧相，宣序民事。少采⑭夕月⑮，与太史⑯司载⑰纠虔天刑。日入，监九御⑱，使洁奉禘郊之粢盛⑲，而后即安。诸侯朝修天子之业命，昼考其国职，夕省其典刑，夜儆百工，使无慆淫，而后即安。卿大夫朝考其职，昼讲其庶政，夕序其业，夜庀⑳其家事，而后即安。士朝受业，昼而讲贯，夕而习复，夜而计过，无憾，而后即安。自庶人以下，明而动，晦而休，无日以怠。王后亲织玄紞㉑，公侯之夫人，加之纮㉒、綖㉓。卿之内子㉔为大带，命妇㉕成祭服。列士㉖之妻，加之以朝服。自庶士以下，皆衣㉗其夫。社而赋事，烝㉘而献功，男女效绩，愆则有辟。古之制也。君子劳心，小人劳力，先王之训也。自上以下，谁敢淫心舍力？今我寡也，尔又在下位，朝夕处事，犹恐忘先人之业。况有怠惰，其何以避辟？吾冀而朝夕修我，曰：「必无废先人。」尔今曰：「胡不自安？」

以是承君之官，余惧穆伯之绝祀也？」

仲尼闻之曰：「弟子志之，季氏之妇不淫矣！」

注释

①公父文伯：鲁大夫季悼子的孙子，公父穆伯的儿子。

②母：公父文伯的母亲，即敬姜。

③绩：纺麻。

④歜：文伯自称其名。

⑤主：主母。

⑥季孙：即季康子。当时担任鲁国的正卿，是季悼子的曾孙。季氏是鲁国的大族，敬姜是季康子从叔祖母，所以文伯这样说。

⑦备官：充任官职。

⑧居：坐下。

⑨瘠土：不肥沃的土地。

⑩大采：五彩礼服。

⑪朝日：天子以春分朝日。

⑫祖识：熟习，知晓。

⑬地德：古人认为地能生产百物，养育人民，这便是地之德。

⑭少采：三彩礼服。

⑮夕月：秋分时祭月神。

⑯太史：记史的史官。

⑰司载：掌管天文的管员。

⑱九御：九嫔，内宫女官。

⑲粢盛：盛在祭器里的黍稷。

⑳庀：治理，料理。

㉑紞：帽子上的丝绳。

㉒纮：冕上的系带。

㉓綖：冠冕上长方形的版。

㉔内子：嫡妻。

㉕命妇：有封号的妇女。

㉖列士：周代的士分为上士、中士、下士。下士又称庶士。

㉗衣：为……做衣。

㉘烝：冬天的祭祀。

点评

一个堂堂的鲁国大夫的母亲，却身体力行织布纺麻。而且一番『论劳逸』给儿子上了一堂为政、持家、处事之课，用心良苦，难能可贵。敬姜一番长论，无非是希望自己做高官的儿子忠于职守，做好本职工作的同时，一定要谨记勤俭节约，不要贪图安逸，因为她老人家认为贪图安逸会触发人们内心的贪欲，贪欲最终会葬送儿子的前程乃至生命，读之如醍醐灌顶，振聋发聩。

叔向贺贫（《国语》）

叔向①见韩宣子②，宣子忧贫，叔向贺之。宣子曰：『吾有卿之名而无其实③，无以从二三子④，吾是以忧，子贺我，何故？』

对曰：『昔栾武子⑤无一卒之田⑥，其宫不备其宗器⑦，宣其德行，顺其宪则⑧，使越⑨于诸侯。诸侯亲之，戎狄怀之，以正晋国。行刑⑩不疚⑪，以免于难⑫。及桓子⑬，骄泰⑭奢侈，贪欲无艺⑮，略则行志⑯，假货居贿⑰，宜及于难，而赖武之德⑱以没其身⑲。及怀子⑳，改桓之行，而修㉑武之德，可以免于难，而离桓之罪㉒，以亡于楚㉓。夫郤昭子㉔，其富半公室㉕，其家半三军㉖，恃其富宠㉗，以泰于国㉘。其身尸于朝㉙，其宗灭于绛㉚。不然，夫八郤，五大夫，三卿㉛，其宠大矣，一朝而灭，莫之哀也，唯无德也。今吾子㉜有栾武子之贫，吾以为能其德矣㉝，是以贺。若不忧德之不建，而患货之不足，将吊㉞不暇，何贺之有？』

宣子拜，稽首㉟焉，曰：『起㊱也将亡，赖子存之，非起也敢专承㊲之，其自桓叔㊳以下，嘉吾子之赐。』

注释

①叔向：春秋晋国大夫羊舌肸，字叔向。
②韩宣子：名起，是晋国的卿。卿的爵位在公之下，大夫之上。
③实：这里指财富。
④无以从二三子：意思是家里贫穷，没有供给宾客往来的费用，不能跟晋国的卿大夫交往。二三子，指晋国的卿大夫。
⑤栾武子：晋国的卿。
⑥无一卒之田：没有一百人所有的田亩。古代军队编制，一百人为卒。一卒之田，一百顷，是上大夫的俸禄。
⑦宗器：祭器。
⑧宪则：法制。
⑨越：超过。
⑩刑：法，就是前边的『宪则』。
⑪不疚：指栾书弑杀晋厉公而不被国人责难。

⑫以免于难：因此避免了祸患。意思是没有遭到杀害或被迫逃亡。

⑬桓子：栾武子的儿子。

⑭骄泰：骄慢放纵。

⑮艺：度，准则。

⑯略则行志：忽略法制，任意行事。

⑰假贷居贿：把财货借给人家从而取利。贿，财。

⑱而赖武之德：但是依靠栾武子的德望。

⑲以没其身：终生没有遭到祸患。

⑳怀子：桓子的儿子。

㉑修：研究，学习。

㉒离桓之罪：（怀子）因桓子的罪恶而遭罪。离，同『罹』，遭到。

㉓以亡于楚：终于逃亡到楚国。

㉔郤昭子：晋国的卿。

㉕其富半公室：他的财富抵得过半个晋国。公室，公家，指国家。

㉖其家半三军：他家里的佣人抵得过三军的一半。当时的兵制，诸侯大国三军，合三万七千五百人。

㉗宠：尊贵荣华。

㉘以泰于国：就在国内非常奢侈。泰，过分、过甚。

㉙其身尸于朝：（郤昭子后来被晋厉公派人杀掉，）他的尸体摆在朝堂（示众）。

㉚其宗灭于绛：他的宗族在绛这个地方被灭掉了。绛，晋国的旧都，在现在山西省翼城县东南。

㉛八郤，五大夫，三卿：郤氏八个人，其中五个大夫，三个卿。

㉜吾子：您，古时对人的尊称。

㉝能其德矣：能够行他的道德了。

㉞吊：忧虑。

㉟稽首：顿首，把头叩到地上。

㊱起：韩宣子自称他的名字。

㊲专承：独自一个人承受。

㊳桓叔：韩氏的始祖。

点评

叔向贺贫这个故事，通过人物对话的方式，先提出『宣子忧贫，叔向贺之』这个出人意料的问题，然后层层深入地展开论述。文章先举栾、郤两家的事例，说明贫可贺，富可忧，可贺可忧的关键在于是否有德；继而将宣子与栾武子加以类比，点出可贺的原因，并进一步指出，如果不建德而忧贫，则不但不可贺，反而是可吊的，点出本文的中心论点；最后用韩宣子的拜服作结，体现了叔向的说服力。这样既把道理讲得清清楚楚，又使人感到亲切自然。这些道理无论是在当时还是在今天，都有很深刻的警示作用。

王孙圉论楚宝（《国语》）

王孙圉①聘于晋，定公飨之。赵简子②鸣玉以相，问于王孙圉曰：『楚之白珩③犹在乎？』对曰：『然。』简子曰：『其为宝也，几何矣？』曰：『未尝为宝。楚之所宝者，曰观射父④，能作训辞⑤，以行事于诸侯，使无以寡君为口实。又有左史⑥倚相，能道训典，以叙百物，以朝夕献善败于寡君，使寡君无忘先王之业；又能上下⑦说⑧于鬼神，顺道其欲恶，使神无有怨痛于楚国。又有薮⑨曰云，连徒洲⑩，金、木、竹、箭之所生也，龟、珠、角、齿、皮、革、羽、毛⑪，所以备赋，以戒不虞者也；所以共币帛，以宾享于诸侯者也。若诸侯之好币具，而导之以训辞，有不虞之备，而皇神相之，寡君其可以免罪于诸侯，而国民保焉。此楚国之宝也。若夫白珩，先王之玩也，何宝之焉？圉闻国之宝，六而已：圣⑫能制议⑬百物，以辅相国家，则宝之；玉足以庇荫嘉谷，使无水旱之灾，则宝之；龟足以宪臧否⑭，则宝之；珠足以御火灾，则宝之；金足以御兵乱，则宝之；山林薮泽⑮足以备财用，则宝之。若夫哗嚣之美，楚虽蛮夷，不能宝也。』

注释

①王孙圉：楚国大夫。

②赵简子：晋国执政。

③白珩：楚国著名的佩玉。

④观射父：楚国大夫。

⑤训辞：指外交辞令。

⑥左史：周代史官分左史、右史。左史记言，右史记事。

⑦上下：指天地。

⑧说：同『悦』。古人观念，史官能和鬼神交往。

⑨薮：多草的湖泽。

⑩云：云梦泽，在今湖北。徒洲：洲名。

⑪玉、马、皮、圭、璧、帛等物，古时都可以称为币。

⑫圣：指通达事理者。

⑬制议：谓安排妥当，使各得其宜。

⑭臧否：吉凶。

⑮薮泽：大的湖泊

点评

王孙圉虽然生活在两千多年前，但他对于宝物的见解至今还给我们以深刻的启示。一个国家应该看重什么呢？首先是人才，然后是土地山水。因为古代认为某些玉石，乌龟壳，珠宝具有灵气，所以也被作为宝物，但是，纯粹是装饰品的白珩却不在宝物之列。赵简子看重的是佩玉，在外国使臣面前有意弄得叮当作响，想炫耀一番。引出王孙圉的大段议论，最后以王孙圉认为白珩只是『哗器之美』与开头照应。文章虽然没有写赵简子的反应，但我们读了王孙圉的一席话，完全可以想见其尴尬之状。

诸稽郢行成于吴（《国语》）

吴王夫差起师伐越，越王勾践起师逆①之江。

大夫种②乃献谋曰：『夫吴之与越，唯天所授，王其无庸战。夫申胥③、华登④，简服吴国之士于甲兵，而未尝有所挫也。夫一人善射，百夫决拾⑤，胜未可成。夫谋必素见成事焉，而后履之，不可以授命。王不如设戎，约辞行成⑥，以喜其民，以广侈吴王之心。吾以卜之于天，天若弃吴，必许吾成而不吾足也，将必宽然有伯⑦诸侯之心焉；既罢⑧弊其民，而天夺之食，安受其烬，乃无有命矣。』

越王许诺，乃命诸稽郢⑨行成于吴，曰：『寡君勾践使下臣郢，不敢显然布币行礼，敢私告于下执事⑩曰：「昔者，越国见祸，得罪⑪于天王⑫，天王亲趋玉趾⑬，以心孤勾践，而又宥赦之。君王之于越也，繄⑭起死人而肉白骨也。孤不敢忘天灾，其敢忘君王之大赐乎？今勾践申祸无良，草鄙之人，敢忘天王之大德，而思边陲之小怨，以重得罪于下执事？勾践用帅二三之老，亲委重罪，顿颡⑮于边。今君王不察，盛怒属兵，将残伐越国。越国固贡献之邑也，君王不以鞭箠⑯使之，而辱军士，使寇令焉！勾践请盟。一介嫡女，执箕帚以晐姓⑰于王宫；一介嫡男，奉盘匜⑱以随诸御。春秋贡献，不解于王府。天王岂辱裁之？亦征诸侯⑲之礼也。」

夫谚曰：「狐埋之而狐搰⑳之，是以无成功。」今天王既封殖㉑越国，以明闻于天下，而又刈㉒亡之，是天王之无成劳也。虽四方之诸侯，则何实㉓以事吴？敢使下臣尽辞，唯天王秉利度义焉！』

注释

①逆：迎战。

②大夫种：即文种，越国大夫。

③申胥：即伍子胥，封于申，故又称申胥。

④华登：吴国大夫。

⑤决拾：射箭用具。

⑥约辞行成：用委婉的言辞求和。

⑦伯：通『霸』，称霸。
⑧罢：通『疲』，疲劳。
⑨诸稽郢：越国大夫。
⑩下执事：供役使的人。
⑪得罪：指勾践射伤吴王之父阖闾。
⑫天王：对吴王夫差的尊称。
⑬亲趋玉趾：亲劳大驾。
⑭繄：就是。
⑮顿颡：叩头直至额触地。
⑯鞭箠：鞭子。
⑰畡姓：贡纳诸姓妇子到天子之官。
⑱盘匜：洗手脸的用具。
⑲征诸侯：向诸侯征税。
⑳搰：掘出。
㉑封殖：培植。这是以草木自比。
㉒刈：芟草。
㉓实：信实。

点评

夫差再度兴兵攻讨越国，越国为了取得喘息的机会，增强国力，采用文种所献计谋，再次派诸稽郢卑辞厚礼向吴国求和。诸稽郢不辱使命，利用吴王夫差目光浅短和爱好虚名的弱点，最终说动吴王，鼓动他向外扩张，消耗他的国力，为越国争取休养生息的时间。其实诸稽郢的一番言辞并不见得高明，说『天王』、说『玉趾』，其核心只是无原则地自卑而尊人。然而这番言论是基于对夫差的性格了解而发的，揣摩吴王心理之深，可以说在准备过程中就已经决定此行必能如愿了，所以诸稽郢不仅能够全身而退，又能挽救国家于危难。

申胥谏许越成（《国语》）

吴王夫差乃告诸大夫曰：『孤将有大志于齐①，吾将许越成，而无拂②吾虑。若越既改，吾又何求？若其不改，反行③，吾振旅④焉。』申胥谏曰：『不可许也。夫越非实忠心好吴也，又非慑⑤畏吾甲兵之强也。大夫种⑥勇而善谋，将还玩⑦吴国于股掌之上，以得其志。夫固知君王之盖⑧威以好胜也，故婉约⑨其辞，以从⑩逸王志，使淫乐于诸夏⑪之国，以自伤也。使吾甲兵钝⑫弊，民人离落⑬，而日以憔悴，然后安受吾烬。夫越王好信以爱民，四方归之，年谷时熟，日长炎炎，及吾犹可以战也。为虺弗摧，为蛇将若何？』吴王曰：『大夫奚隆于越？越曾足以为大虞乎？若无越，则吾何以春秋曜吾军士？』乃许之成。

将盟，越王又使诸稽郢辞曰：『以盟为有益乎？前盟口血未乾，足以结信矣。以盟为无益乎？君王舍甲兵之威以临使之，而胡重于鬼神而自轻也。』吴王乃许之，荒成不盟。

注释

①有大志于齐：要攻打齐国，北上称霸。

②拂：违背。

③反：同「返」，指伐齐回来。

④振旅：整顿部队。

⑤慑：恐惧，害怕。

⑥种：越大夫文种。

⑦玩：玩弄。

⑧盖：崇尚。

⑨婉约：委婉而谦卑。

⑩从：同「纵」。

⑪诸夏：中原的其他诸侯国，如晋、齐、鲁、宋、郑、卫等。

⑫钝：不利。

⑬离落：离散。

点评

吴王夫差接受越国议和，而申胥看穿了越国在求和幌子下所掩藏的消耗吴国国力的祸心，建议一举消灭越国。申胥对于吴、越双方的国情、君情、民情以及吴越关系，都分析得特别到位，无奈夫差刚愎自用，不肯听谏，最后灭国丧身。本文用对比和映衬的手法描写人物言行，夫差和申胥是一组对比，夫差和勾践也是一组对比。申胥的远见卓识和忠心为国、夫差的枉妄自大和傲慢轻敌、勾践的狡猾奸诈，一一呈现眼底。

春王正月（《公羊传》）

元年①者何？君之始年也。春者何？岁之始也。王者孰谓？谓文王也。曷为先言王而后言正月？王正月②也。何言乎王正月？大一统③也。公何以不言即位？成公意也。何成乎公之意？公将平国而反之桓④。曷为反之桓？桓幼而贵，隐长而卑⑤；其为尊卑也微，国人莫知。隐长又贤，诸大夫扳⑥隐而立之。隐于是焉而辞立，则未知桓之将必得立也。且如桓立，则恐诸大夫之不能相幼君也。故凡隐之立，为桓立也。隐长又贤，何以不宜立？立适⑦，以长不以贤；立子⑧，以贵不以长。桓何以贵？母贵也。母贵则子何以贵？子以母贵，母以子贵。

注释

①元年：指鲁隐公元年。

②王正月：指周历正月。古时改朝换代即改正朔（正月的第一天）。周历以建子之月（即夏历的十一月）为岁首。

③大一统：天下统一。

④平国而反之桓：隐公打算平治鲁国后，把政权归还桓公。

⑤桓幼而贵，隐长而卑：桓公的母亲仲子是鲁惠公的夫人。隐公的母亲声子只是随嫁来的姐妹。

⑥扳：拥戴。

⑦适：同『嫡』。

⑧立子：立庶子。

点评

本篇是《公羊传》的第一篇，以天人合一思想为指导，以层层设问的方式，解释《春秋》鲁隐公元年第一句经文『元年，春王正月』。作者把『元年』的『元』字与《易经》中的『元亨利贞』联系起来看，『元亨利贞』对应春夏秋冬和仁礼义智，意味着王道要效法天道从『仁』开始。而春、仁在《周易》为震，为长子，所以君位继承的原则是『立嫡以长不以贤』，这样才能防止因争夺君位而引起祸乱，否则天下必乱。洞幽烛隐，逻辑严谨，从微言阐发大义。

宋人及楚人平（《公羊传》）

外平不书①，此何以书？大其平乎己②也。何大其平乎己？庄王③围宋，军有七日之粮尔！尽此不胜，将去而归尔。于是使司马子反④乘堙⑤而窥宋城，宋华元⑥亦乘堙而出见之。司马子反曰：『子之国何如？』华元曰：『惫矣！』曰：『何如？』曰：『易子⑦而食之，析骸⑧而炊之。』司马子反曰：『嘻！甚矣，惫！虽然，吾闻之也，围者柑马⑨而秣之，使肥者应客。是何子之情⑩也？』华元曰：『吾闻之：君子见人之厄则矜⑪之，小人见人之厄则幸之。吾见子之君子也，是以告情于子也。』司马子反曰：『诺，勉之矣！吾军亦有七日之粮尔！尽此不胜，将去而归尔。』揖而去之。

反⑫于庄王。庄王曰：『何如？』司马子反曰：『惫矣！』曰：『何如？』曰：『易子而食之，析骸而炊之。』庄王曰：『嘻！甚矣，惫！虽然，吾今取此，然后而归尔。』司马子反曰：『不可。臣已告之矣，军有七日之粮尔。』庄王怒曰：『吾使子往视之，子曷⑬为告之？』司马子反曰：『以区区⑭之宋，犹有不欺人之臣，可以楚而无乎？是以告之也。』庄王曰：『诺，舍而止。虽然，吾犹取此，然后归尔。』司马子反曰：『然则君请处于此，臣请归尔。』庄王曰：『子去我而归，吾孰与处于此？吾亦从子而归尔。』引师而去之。故君子大其平乎己也。此皆大夫也。其称『人』何？贬。曷为贬？平者在下⑮也。

注释

①外平不书：指鲁宣公十二年，楚庄王攻破郑国，郑伯求降，庄王与他讲和的事。《春秋》中没有记载。外，鲁国之外的国家。平，讲和。书，记载。

②平乎己：主动讲和。

③庄王：即楚庄王。

④司马子反：楚国大夫，掌管军政。

⑤乘堙：登上小土山。

⑥华元：宋国大夫。

⑦易子：交换儿子。

⑧析骸：劈开尸骨。

⑨柑马：给马嘴衔木棍。

⑩情：说真话。

⑪矜：怜悯。

⑫反：同「返」，返回。

⑬曷：为什么。

⑭区区：很小。

⑮平者在下：讲和的人处在下位。

点评

本篇解释《春秋》「宋人及楚人平」一句。这六字有褒有贬，褒的是华元和子反两位大夫以诚相待主动讲和，减轻了宋楚两国的战祸，贬的是两人超越君权自作主张，背着国君讲和。此例一开，君权就危险了。

文章反映了古代战争的残酷，通篇全用对话口气，重复之中又有变化，颇为传神。如左丘明所说：「《春秋》之称，微而显，志而晦，婉而成章，尽而不污，惩恶而劝善，非贤人谁能修之？」

吴子使札来聘（《公羊传》）

「吴子使札来聘①。」

吴无君，无大夫，此何以有君，有大夫？贤季子②也。何贤乎季子？让国③也。其让国奈何？谒④也，余祭⑤也，夷昧⑥也，与季子同母者四。季子弱而才，兄弟皆爱之，同欲立之以为君。谒曰：「今若是迮⑦而与季子国，季子犹不受也。请无与子而与弟，弟兄迭为君，而致国乎季子。」皆曰诺。故诸为君者皆轻死为勇，饮食必祝，曰：「天苟有吴国，尚速有悔⑧于予身。」故谒也死⑨，余祭也立。

余祭也死⑩，夷昧也立。夷昧也死⑪，则国宜之季子者也，季子使而亡⑫焉。僚⑬者长庶也，即之。季子使而反，至而君之尔。阖庐⑭曰：『先君之所以不与子国，而与弟者，凡为季子故也。将从先君之命与，则国宜之季子者也；如不从先君之命与，则我宜立者也。僚恶得为君乎？』于是使专诸⑮刺僚，而致国乎季子⑯。季子不受，曰：『尔杀吾君，吾受尔国，是吾与尔为篡也。尔杀吾兄，吾又杀尔，是父子兄弟相杀，终身无已也。』去之延陵⑰，终身不入吴国。故君子以其不受为义，以其不杀为仁，贤季子。则吴何以有君，有大夫？以季子为臣，则宜有君者也。札者何？吴季子之名也。春秋贤者不名⑱，此何以名？许夷狄者，不一而足⑲也。季子者，所贤也，曷为不足乎季子？许人臣者必使臣，许人子者必使子也。

注释

① 聘：古代诸侯国之间派使者相问的一种礼节。使者代表国君，他的身分应是卿，『小聘』则派大夫。

② 季子：公子札是吴王寿梦的小儿子，古以伯、仲、叔、季排行，因此以『季子』为字。《史记》称他『季札』。

③ 让国：辞让国君之位。据《史记·吴世家》记载，寿梦生前就想立季札，季札力辞，才立长子诸樊（即谒）。寿梦死后，诸樊又让位季札，季札弃其室而耕，乃止。

④ 谒：寿梦长子，一作『遏』，号诸樊。《春秋》写作『吴子遏』，《左传》、《史记》称『诸樊』。

⑤ 余祭：寿梦次子，《左传》记其名一作『戴吴』，马王堆三号墓出土帛书《春秋事语》作『余蔡』。

⑥ 夷昧：寿梦三子。《左传》作『夷末』，《史记》作『余昧』。

⑦ 迮：仓促。

⑧ 悔：咎，灾祸，这里指亡故。

⑨ 谒也死：谒在位十三年，鲁襄公二十五年（公元前五四八）在伐楚战争中，中冷箭死于巢（今安徽巢县）。

⑩ 余祭也死：余祭在位四年（《史记》误作十七年），鲁襄公二十九年（公元前五四四）在视察战船时被看守战船的越国俘虏行刺身亡。

⑪ 夷昧也死：夷昧在位十七年（《史记》误作四年），鲁昭公十五年（公元前五二七）卒。

⑫ 使而亡：出使在外。《史记·吴世家》所记与此不同：『王余昧卒，季札让，逃去。』认为季札是为让位而逃走的。

⑬ 僚：《公羊传》这里说他是『长庶』，即吴王寿梦妾所生的长子，季札的异母兄。《史记·吴世家》则说他是『王余昧之子』。以《公羊传》为是。

⑭ 阖庐：公子光即吴王位后的号，《史记》说他是诸樊之子，《世本》说他是夷昧之子。

⑮ 专诸：伍子胥为公子光找到的勇士，吴王僚十三年四月丙子，公子光请王僚喝酒，使专诸藏匕首于炙鱼之中，进食时取出匕首刺王僚胸而杀之。

⑯ 致国乎季子：把王位给季札。《史记·吴世家》谓阖庐刺杀王僚后即承吴王位，无让国于季札之意。

⑰ 延陵：春秋吴邑，今江苏常州。季札食邑于此，所以又号『延陵季子』。

⑱不名：不直称名。古人生三月取名，年二十行冠礼，另取字。对人表示尊敬，就称其字而不称名。

⑲不一而足：不因为一事一物就认为够条件了。与今义不同。

点评

鲁襄公二十九年（公元前544），吴国派公子札访问鲁国，《左传》对经过情形有详细记载。吴国在公子札的父亲寿梦就位时就已称王，但《公羊传》出于「诸夏」的民族和地域之见，甚至否认吴国有国君有大夫。不过《春秋》既然为了尊重季札之贤而称之为「吴子」，又需要肯定吴国有君有大夫，只不过季子是夷狄之邦的臣子，是夷狄之王的儿子，就要在用语遣词上显示出这一点来，这就是所谓「《春秋》笔法」。本文的宗旨就是解释「吴子使札来聘」一语中的的「《春秋》笔法」。

全文层层设问，步步深入，以事实说明公子札的贤、仁、深明大义，使吴国在诸夏心目中的地位得到了提高。

郑伯克段于鄢（《谷梁传》）

克者何？能也。何能也？能杀也①。何以不言杀？见段之有徒众也②。段，郑伯弟也。何以知其为弟也？杀世子③母弟④目君⑤，以其目君知其为弟也⑥。段，弟也，而弗谓弟；公子也，而弗谓公子。贬之也。段失子弟之道⑦矣，贱段而甚⑧郑伯也。何甚乎郑伯？甚郑伯之处心积虑成于杀也⑨。于鄢⑩，远也，犹曰取之其母之怀之云尔⑪，甚之也。然则为郑伯者，宜奈何⑫？缓追，逸贼⑬，亲亲之道也。

注释

①本文在解《春秋》隐公元年「郑伯克段于鄢」这句话使字用词所包含的「微言大义」。「克」者何……能杀也：先释「克」的本义为「能」，接着释「能」的深层意思含有「能杀」之义。「能杀」，即善于处心积虑地巧妙杀害。

②何以不言杀……徒众也：为什么不直接用「杀」字来表述而要用「克」字？因为共叔段拥有他的士兵和百姓，不容易杀害，而只有用计谋杀害他。

③世子：指古时天子诸侯的嫡长子，君位的合法继承人。

④母弟：同母所生的弟弟。

⑤目君：称君。

⑥「以其目君」句：因为他称君名（指郑伯），所以知道他杀害的是亲弟弟。

⑦失子弟之道：抛弃了做人子和做弟弟的本分规矩。指段与兄郑伯争夺政权。

⑧甚：极力，更加。

⑨成于杀也：指蓄谋干成了杀弟之事。

⑩于鄢：意为共叔段逃至鄢，离郑已远，但郑伯仍追杀之。

⑪「取之其母之怀之云尔」句：犹如说郑伯杀害共叔段就像是从母亲的怀中夺来杀死似的，是要更加贬责他！

⑫宜奈何：该怎么办。

⑬『缓追逸贼』句：不要对共叔段那么紧逼硬追，让他能够逃脱，这才是对亲人的友爱之道。

点评

『郑伯克段于鄢』是《春秋·隐公元年》中的一句，《左传》将之演绎成《郑伯克段于鄢》，《谷梁传》则阐释成本篇的样子。两相比较，可看出《左传》重在史实叙述，《谷梁传》重在义理说明。

本文逐层剖析、批驳庄公兄弟相残的事实，揭露了郑庄公兄弟骨肉相残的丑恶面目，强调了儒家『亲亲』、『仁恕』的正统观念，语言辛辣，一气呵成。由于采用了自作问答的形式，且一问一答自成一个层次，谋篇布局自然而然，行文也很自由。

虞师晋师灭夏阳（《谷梁传》）

『虞①师、晋②师③灭夏阳④。』

非国而曰灭，重夏阳也。虞无师，其曰师，何也？以其先晋，不可以不言师也。其先晋何也？为主乎灭夏阳也。夏阳者，虞、虢⑤之塞邑也。灭夏阳而虞、虢举矣。虞之为主乎灭夏阳何也？晋献公⑥欲伐虢，荀息⑦曰：『君何不以屈⑧产之乘垂棘⑨之璧，而借道乎虞也？』公曰：『此晋国之宝也。如受吾币而不借吾道，则如之何？』荀息曰：『此小国之所以事大国也。彼不借吾道，必不敢受吾币。如受吾币而借吾道，则是我取之中府⑩，而藏之外府；取之中厩，而置之外厩也。』公曰：『宫之奇⑪存焉，必不使也。』荀息曰：『宫之奇之为人也，达心而懦，又少长于君。达心则其言略，懦则不能强谏，少长于君，则君轻之。且夫玩好在耳目之前，而患在一国之后，此中知以上乃能虑之。臣料虞君中知以下也。』公遂借道而伐虢。宫之奇谏曰：『晋国之使者，其辞卑而币重，必不便于虞。』虞公弗听，遂受其币，而借之道。宫之奇又谏曰：『语曰：「唇亡齿寒。」其斯之谓与！』挈其妻、子以奔曹⑫。献公亡虢，五年而后举虞。荀息牵马操璧而前曰：『璧则犹是也，而马齿⑬加长矣。』

注释

①虞：周文王时就已建立的姬姓小国，在今山西省平陆县北。

②晋：西周始封姬姓国，晋献公时都于绛（今山西省翼城县东南）。

③师：可泛指军队，也可专指古代军队的编制单位。《荀子·礼论》：『师旅有制。』五百人为旅，五旅为师。说『虞无师』，就是专指两千五百人的军队编制。

④夏阳：虢邑，在今山西省平陆县东北约三十五里。《左传》作下阳，因另有上阳，以作下阳为是。夏、下同音通假。

⑤虢：周初始封姬姓国，有东、西、北虢之分，东虢、西虢已先亡于郑、秦。晋献公所伐为北虢，占地当今河南三门峡和山西平陆一带，建都上阳（今河南陕县李家窑村）。

⑥晋献公：名诡诸，晋武公子，在位二十六年。在此期间伐灭了周围一些小国，为其子晋文公称霸打下了基础。据《史记·晋世家》，

晋献公伐虢的借口是虢国在晋国内乱中支持了他先君的政敌。

⑦荀息：晋献公最亲信的大夫，食邑于荀，亦称荀叔。献公病危时以荀息为相托以国政，献公死后在宫廷政变中为里克所杀。

⑧屈：即北屈，晋地名，在今山西省吉县东北。

⑨垂棘：晋地名，在今山西省潞城县北。

⑩府：古时国家收藏财物、文书的地方。

⑪宫之奇：虞大夫，刘向《说苑·尊贤》说：『虞有宫之奇，晋献公为之终死不寐。』

⑫曹：西周始封姬姓国，都陶丘（今山东省定陶县西南）。

⑬马齿：马每岁增生一齿。

点评

本文旨在解释《春秋》僖公二年经文『虞师、晋师灭夏阳』数字的含义。全文围绕对『灭』字和『师』字的解释而展开，认为虞在晋灭夏阳这件事情上负有不可推卸之责任，其过失一是只贪求眼前宝玉玩好，而不计国家长远利益；二是不听宫之奇之谏。

本文以对话为主，言语间将人物的形象刻画得栩栩如生，如虞公的利令智昏、鼠目寸光，献公的纳谏从流，宫之奇的通达事理而又胆小怯懦。尤其是荀息对虞国、虞公、宫之奇的一番分析，生动妥帖，诙谐周密，充分显示出了他的老谋深算、洞察明辨，再加之结尾的玩笑之语，给人留下了深刻的印象。

晋献公杀世子申生（《礼记·檀弓》）

晋献公①将杀其世子申生。公子重耳②谓之曰：『子盖③言子之志于公乎？』世子曰：『不可。君安骊姬，是我伤公之心也。』曰：『然则盖行乎？』世子曰：『不可。君谓我欲弑④君也。天下岂有无父之国哉？吾何行⑤如之？』使人辞于狐突⑥曰：『申生有罪，不念伯氏之言也，以至于死。申生不敢爱其死。虽然，吾君老矣，子⑦少，国家多难，伯氏不出而图⑧吾君。伯氏苟⑨出而图吾君，申生受赐⑩而死。』再拜稽首⑪，乃卒⑫。是以为恭⑬世子也。

注释

①晋献公：春秋战国时的诸侯国晋国国君，姓姬，名诡诸。

②公子重耳：太子申生的同父异母弟弟。后来当上晋国国君，称晋文公，是春秋五霸之一。

③盖：同『盍』，何不，为什么不。

④弑：臣子杀国君或儿子杀父亲。

⑤行：这里指逃奔。

⑥狐突：申生的师傅，字伯行，所以又称『伯氏』。

⑦子：指骊姬的儿子奚齐。

⑧图：策划，谋划。

⑨苟：如果，倘若。

⑩赐：恩惠。

⑪稽首：古时叩头敬礼。

⑫卒：死去。

⑬恭：人死后按其生前敬顺的事迹给予的称号，即谥号。

点评

申生被害故事，《春秋》《左传》《国语》《公羊传》《谷梁传》都有过记述或评论。本篇写在《左传》《国语》诸篇之后，要想把这个尽人皆知的题材写得不落俗套、给人以全新感受，是有一定难度的，但由于作者所选角度得当，所写内容甚至比前两书更为深刻感人。这主要是文章能抓住申生的善良无辜这一点来写，并能选择他与重耳对话和与狐突诀别这两个典型事件，描摹他面对必死的处境如何从容就义，既不怨恨献公，也无仇视骊姬之词，且对与之争夺太子位置的骊姬之子奚齐，也毫无半丝敌意，反而对他未来的处境十分关切。文章就这样通过上述自表心曲的一些言辞，集中写出了世子申生的至忠至孝，笔端流露着深厚的惋惜与同情，声哀而词缓，催人泪下。

曾子易箦（《礼记·檀弓》）

曾子①寝疾②，病。乐正子春③坐于床下，曾元、曾申④坐于足，童子隅⑤坐而执烛。童子曰：「华而睆⑥，大夫之箦⑦与？」子春曰：「止！」曾子闻之，瞿然⑧曰：「呼！」曰：「华而睆，大夫之箦与？」曾子曰：「然。斯季孙⑨之赐也，我未之能易也。元，起易箦。」曾元曰：「夫子之病革⑩矣，不可以变⑪。幸而至于旦，请敬易之。」曾子曰：「尔之爱我也不如彼。君子之爱人也以德，细人之爱人也以姑息⑫。吾何求哉？吾得正而毙⑬焉斯已矣。」举扶而易之。反⑭席未安而没⑮。

注释

①曾子：即曾参，孔子弟子。

②寝疾：病倒，卧病，此偏向于病倒。寝，睡卧。疾，小病。

③乐正子春：曾参的弟子。

④曾元、曾申：都是曾子的儿子。

⑤隅：名词作状语，在角落。

⑥华而睆：华美，光滑。

⑦箦：席子。

⑧瞿然：惊叹的样子。

⑨季孙：鲁国大夫，曾子受其赐箦，非礼也。

⑩革：通「亟」，指病重。

⑧桓司马：宋人，名魋。
⑨椁：套在棺材外面的大棺材。
⑩靡：浪费，奢侈。
⑪愈：较好，胜过。
⑫南宫敬叔：鲁孟僖子之子仲孙阅，曾失位离开鲁国，返时载宝物朝见鲁君。
⑬反：同「返」。
⑭货：贿赂。
⑮制：立规定，定制度。
⑯之：到……去。
⑰申：申明。

点评

本篇所记，为孔子弟子有子、曾子、子游就如何理解孔子「丧欲速贫，死欲速朽」的话而互相切磋的情况。孔子平时同学生谈话或回答学生问题时，由于时间、地点、对象和所针对情况的不同而有所变化，对同一命题往往有不同的回答。之所以称赞「有子之言似夫子」，主要是因为有子能不片面地、不孤立地去了解那两句话的意思，而是把它与孔子的一贯思想言行联系起来考察，从而发现问题，提出自己的疑问。本文虽没有什么针锋相对的争论，却写来文情跌宕，引人入胜，很有启示性。

公子重耳对秦客（《礼记·檀弓》）

晋献公之丧，秦穆公使人吊①公子重耳，且曰：「寡人闻之，亡国恒②于斯③，得国恒于斯。虽吾子俨然在忧服之中，丧亦不可久也，时亦不可失也，孺子其图之！」以告舅犯。舅犯曰：「孺子其辞焉。丧人无宝，仁亲以为宝。父死之谓何？又因以为利，而天下其孰能说④之？孺子其辞焉！」公子重耳对客曰：「君惠⑤吊亡臣重耳。身丧⑥父死，不得与于哭泣之哀，以为君忧。父死之谓何？或⑦敢有他志，以辱君义。」稽颡⑧而不拜，哭而起，起而不私。

子显以致命于穆公。穆公曰：「仁夫公子重耳！夫稽颡而不拜，则未为后⑨也，故不成拜。哭而起，则爱父也。起而不私，则远利也。」

注释

①吊：致吊唁。
②恒：经常。
③斯：此，这。

⑧子卯不乐：商纣王是在甲子那天自杀，夏桀在乙卯日被流放的，所以甲子日、乙卯日是历代君王的忌讳之日，禁止享乐。

⑨亵臣：宠幸的近臣。

⑩宰夫：厨师。

⑪「刀匕是共」：宾语前置句。匕：羹匙。共：同「供」。

点评

晋国大臣知悼子新丧未葬，晋平公竟然还在宴饮奏乐，乐官、近臣也不加劝阻，这是违反礼制的。宰夫杜蒉发现后，采取了一种很特别的进谏方式。首先是故弄玄虚，在三次罚酒之后即快步走出，以引起晋平公的注意，使得晋平公主动问及，然后才一一批评乐师、近臣不知规劝，自己越俎代庖，而不向晋平公直进一言。如此巧妙地说明原因，终令平公承认错误，并立即改正，读了令人拍案叫绝。全文二百多字，充满了戏剧性，情节集中，文势跌宕起伏而又引人入胜，颇值得细细品读。

晋献文子成室（《礼记·檀弓》）

晋献文子①成室，晋大夫发②焉。张老③曰：「美哉轮焉！美哉奂矣④！歌⑤于斯，哭⑥于斯，聚国族⑦于斯。」文子曰：「武也，得歌于斯，哭于斯，聚国族于斯，是全要领⑧以从先大夫于九京也。」北面⑨再拜稽首⑩。君子谓之善颂善祷。

注释

①文子：赵武（前五九六—前五四五）的谥号。这是后人追记，所以称谥号。

②发：发言赞颂。

③张老：前去送礼物的晋大夫（张孟）。张氏是姬姓的一个分支，三家分晋后，多属韩国。

④轮、奂：轮，盘旋屈曲而上，引申为高大。奂，众多，盛大。

⑤歌：指祭祀。古代祭祀要奏乐歌颂。

⑥哭：指举行丧礼。

⑦聚国族：指宴饮。

⑧全要领：免受刑戮。要，同「腰」；领，颈。古代刑戮，罪重腰斩，稍次杀头。

⑨北面：面向北。古代堂礼，长辈面南而坐，小辈北向而拜。

⑩稽首：叩头到地，伏地停留片刻方起，叫稽首。是九拜（九种拜的礼节）中最恭敬的。

点评

晋国重臣赵盾之子赵朔在晋景公三年娶成公（景公父）姊为夫人后，晋国司寇屠岸贾勾结诸将军构罪族灭赵氏，赵朔的夫人怀着身孕躲进后宫中，后来生下赵武，就是本篇所记的文子，也就是有名的「赵氏孤儿」。十五年后，赵武得到韩阙的帮助，攻屠岸贾，灭族报仇，后来成为晋国的正卿。本篇所记赵武筑新室成，当是复位后不久的事。他年纪还不大，所以张老在赞颂的同时，还有规劝之意。

这篇仅有七十六字的短文，开头一句，『晋献文子成室，晋大夫发焉。』既点明了事情的原委，也交代了时间、地点、人物。一个『发』字，既表现了当时新居落成人们送礼庆贺的习俗，同时也表现了达官贵人们前来祝贺的热闹场面。接着一颂一祷，其中张老的颂辞独具匠心，不但没有赞颂的味道，反而说些死丧哭泣的话。其实祝辞与答辞都是紧密结合着赵氏的血泪痛史的，的确是『善颂善祷』。所以最后用『君子』的评语结束全文。

苏秦以连横说秦（《战国策》）

苏秦[1]始将连横[2]，说秦惠王[3]曰：『大王之国，西有巴[4]、蜀[5]、汉中之利，北有胡[6]貉、代[7]马之用，南有巫山[8]、黔中[9]之限，东有肴[10]、函[11]之固。田肥美，民殷富，战车万乘，奋击[12]百万，沃野千里，蓄积饶多，地势形便，此所谓天府[13]，天下之雄国也。以大王之贤，士民之众，车骑之用，兵法之教，可以并诸侯，吞天下，称帝而治。愿大王少留意，臣请奏其效。』

秦王曰：『寡人闻之：毛羽不丰满者，不可以高飞，文章不成者不可以诛罚，道德不厚者不可以使民，政教不顺者不可以烦大臣。今先生俨然[14]不远千里而庭教之，愿以异日[15]。』

苏秦曰：『臣固疑大王之不能用也。昔者神农[16]伐补遂[17]，黄帝[18]伐涿鹿[19]而禽蚩尤[20]，尧伐驩兜[21]，舜伐三苗[22]，禹伐共工[23]，汤伐有夏[24]，文王伐崇[25]，武王伐纣[26]，齐桓任战而伯[27]天下。由此观之，恶[28]有不战者乎？古者使车毂[29]击驰，言语相结，天下为一，约从连横，兵革不藏。文士并饰[30]，诸侯乱惑，万端俱起[31]，不可胜理。科条既备，民多伪态，书策稠浊[32]，百姓不足。上下相愁，民无所聊[33]，明言章[34]理，兵甲愈起。辩言伟服[35]，战攻不息，繁称文辞，天下不治。舌弊耳聋，不见成功，行义约信，天下不亲。于是乃废文任武，厚养死士，缀甲厉[36]兵，效胜于战场。夫徒处[37]而致利，安坐而广地，虽古五帝三王

⑪函：函谷关，在今河南省灵宝县西南。

⑫奋击：奋勇进击的武士。

⑬天府：自然界的宝库。

⑭俨然：庄重矜持。

⑮愿以异日：愿改在其它时间。

⑯神农：传说中发明农业和医药的远古帝王。

⑰补遂：古国名。

⑱黄帝：姬姓，号轩辕氏，传说中中原各族的共同祖先。

⑲涿鹿：在今河北省涿鹿县南。

⑳蚩尤：神话中东方九黎族的首领。

㉑驩兜：尧的大臣，传说曾与共工一起作恶。

㉒三苗：古代少数民族。

㉓共工：传为尧的大臣，与驩兜、三苗、鲧并称四凶。

㉔有夏：即夏桀。『有』字无义。

㉕崇：古国名，在今陕西省户县东。

㉖纣：商朝末代君主，传说中的大暴君。

㉗伯：同『霸』，称霸。

㉘恶：同『乌』，何。

㉙毂：车轮中央圆眼，以容车轴。这里代指车乘。

㉚饰：修饰文词，即巧为游说。

㉛万端俱起：群议纷起。

㉜稠浊：多而乱。

㉝聊：依靠。

㉞章：同『彰』，明显。

㉟伟服：华丽的服饰。

㊱厉：通『砺』，磨砺。

㊲徒处：白白地等待。

㊳五伯：伯同『霸』，『五伯』即春秋五霸。指春秋时先后称霸的五个诸侯：齐桓公、晋文公、楚庄王、吴王阖闾、越王勾践。

㊴幢：冲刺。

㊵万乘：兵车万辆，指大国。

(41) 诎：同『屈』，屈服。

(42) 元元：人民。

(43) 嗣主：继位的君王。

(44) 至道：指用兵之道。

(45) 惛：不明。

(46) 说不行：指连横的主张未得实行。

(47) 縢：绑腿布。

(48) 蹻：草鞋。

(49) 橐：囊。

(50) 犁：通『黧』，黑色。

(51) 归：应作『愧』。

(52) 纴：纺织机。

(53) 太公：姜太公吕尚。

(54) 简练：选择，熟习。

(55) 足：应作『踵』，足跟。

(56) 燕乌集：宫阙名。

(57) 华屋：指宫殿。

(58) 抵：拍击。

(59) 武安：今属河北省。

(60) 溢：通『镒』。一镒二十四两。

(61) 关：函谷关，为六国通秦要道。

(62) 式：用。

(63) 廊庙：谓朝廷。

(64) 隆：显赫。

(65) 山东：指华山以东。

(66) 使赵大重：谓使赵的地位因此而提高。

(67) 掘门：同窟门，窑门。

(68) 桑户：桑木为板的门。

(69) 棬枢：树枝做成的门枢。

(70) 撙：节制。

⑺1 伉：通「抗」。
⑺2 张：设置。
⑺3 倨：傲慢。
⑺4 季子：苏秦的字。
⑺5 盖：同「盍」，何。

点评

战国时期诸侯林立，尔虞我诈，一批谋臣策士周旋其间，纵横驰骋，朝秦暮楚，以逞其智能，获取功名。本文记载了苏秦始以连横之策说秦，而其说不行，于是发愤读书、终于相赵的故事，刻画了当时具有代表性的策士形象。文章在摹写人物时笔触细腻，善于精雕细刻，声情并茂，神态毕肖。如对苏秦勤奋苦读、「引锥自刺」的描写以及对其妻嫂「前倨后恭」的勾勒，不仅丰富了中国文学人物形象的画廊，也为我们今天的语言提供了两个极其生动、极富表现力的典故。

司马错论伐蜀（《战国策》）

司马错①与张仪②争论于秦惠王前，司马错欲伐蜀，张仪曰：「不如伐韩。」王曰：「请闻其说。」

对曰：「亲魏善楚，下兵三川③，塞轘辕、缑氏④之口，当屯留之道，魏绝南阳，楚临南郑，秦攻新城宜阳，以临二周⑤之郊，诛周主之罪，侵楚魏之地。周自知不救，九鼎宝器必出。据九鼎，按图籍，挟天子以令天下，天下莫敢不听，此王业也。今夫蜀，西僻之国也，而戎狄⑥之长也，弊兵劳众，不足以成名，得其地不足以为利。臣闻：『争名者于朝，争利者于市。』今三川、周室，天下之市朝也，而王不争焉，顾争于戎狄，去王业远矣。」

司马错曰：「不然。臣闻之：『欲富国者，务广其地；欲强兵者，务富其民；欲王者，务博其德。三资者备，而王随之矣。』今王之地小民贫，故臣愿从事于易。夫蜀，西僻之国也，而戎狄之长也，而有桀纣之乱⑦。以秦攻之，譬如使豺狼逐群羊也。取其地足以广国也，得其财足以富民，缮兵不伤众，而彼已服矣。故拔一国，而天下不以为暴；利尽西海，诸侯不以为贪。是我一举而名实两附，而又有禁暴正乱之名。今攻韩劫天子，劫天子，恶名也，而未必利也，又有不义之名。而攻天下之所不欲，危！臣请谒其故：周，天下之宗室也；韩，周之与国也。周自知失九鼎，韩自知亡三川，则必将二国并力合谋，以因于齐赵而求解乎楚魏。以鼎与楚，以地与魏，王不能禁。此臣所谓危，不如伐蜀之完也。」

惠王曰：「善！寡人听子。」卒起兵伐蜀，十月取之，遂定蜀。蜀主更号为侯，而使陈庄⑧相蜀。蜀既属，秦益强富厚轻诸侯。

注释

①司马错：秦将，公元前三一六年率兵伐蜀，前三〇一年再次出蜀平定叛乱。

②张仪：魏国贵族后代，战国时著名纵横家。秦惠王（即秦惠文王，前三三七年至前三一一年在位）十年（前三二八年）为秦相，曾以连横政策游说各国，有功于秦，封武信君。

③下兵：出兵。三川：指当时韩国境内黄河、伊水、洛水三水流经的地区，在今河南省黄河以南、灵宝市东部一带。

④轘辕、缑氏：当时的两个军事要地。

⑤二周：指战国时周室分裂而成的两个小国东周、西周。东周都城在今河南省巩义市西南，西周都城在今河南省洛阳市西。

⑥戎狄：古代对西部落后少数民族的泛称。

⑦有桀纣之乱：以夏桀商纣之乱喻指巴蜀之乱。当时蜀王封其弟于汉中，号苴侯。苴与巴国交好，而巴与蜀为敌国。于是蜀王伐苴侯，苴侯奔巴。蜀又伐巴，苴侯求救于秦。

⑧陈庄：秦臣。公元前三一四年任蜀相。

点评

本文记述战国时秦国关于外交军事的一次论争。秦王想利用巴蜀发生战乱之机，兴兵伐蜀，不料韩师侵犯秦境。他面对这种局势，举棋不定。秦相张仪主张伐韩，秦将司马错主张伐蜀，二人针锋相对，各陈己见。张仪蹈空踏虚，高谈阔论，词语华美，耸人听闻，颇具诱惑力；而司马错则沉着冷静，注重实际，不以放言高论蛊惑人，而是实事求是，以理服人。张仪纵横家的风采与司马错务实政治家的风范，都给读者留下了深刻印象。经过这场争论，秦国解决了用什么战略统一天下的大问题。

范雎说秦王（《战国策》）

范雎至秦，王庭①迎，敬执宾主之礼。范雎辞让。

是日见范雎，见者无不变色易容者。秦王屏左右，宫中虚无人，秦王跪而请曰：『先生何以幸②教寡人？』范雎曰：『唯唯。』有间，秦王复请，范雎曰：『唯唯。』若是者三。

秦王跽③曰：『先生不幸教寡人乎？』

范雎谢曰：『非敢然也。臣闻始时吕尚④之遇文王⑤也，身为渔父而钓于渭阳之滨耳。若是者，交疏也。已一说而立为太师⑥，载与俱归者，其言深也。故文王果收功于吕尚，卒擅天⑦下而身立为帝王。即使文王疏吕望而弗与深言，是周无天子之德，而文、武无与成其王也。今臣，羁旅⑧之臣也，交疏于王，而所愿陈者，皆匡君⑨之事处人骨肉⑩之间。愿以陈臣之陋忠，而未知王心也，所以王三问而不对者是也。臣非有所畏而不敢言也，知今日言之于前，而明日伏诛于后，然臣弗敢畏也。大王信行臣之言，死不足以为臣患，亡不足以为臣忧，漆身而为厉⑪，被发而为狂，不足以为臣耻。五帝⑫之圣而死，三王⑬之仁而死，五伯⑭之贤而死，乌获⑮之力而死，奔、育⑯之勇焉而死。死者，人之所必不免也。处必然之势，可以少有补于秦，此臣之所大愿也，臣何患乎？伍子胥⑰橐载而出昭关⑱，夜行而昼伏，至于蓤水⑲，无以饵其口，坐行蒲服⑳，乞食于吴市㉑，卒兴吴国，阖庐㉒为霸。使臣得进谋如伍子胥，加之以幽囚，终身不复见，是臣说之行也，臣何忧乎？箕子㉓、接舆㉔，漆身而为厉，被发而为狂，无益于殷、楚。使臣得同行于箕子、接舆，漆身可以补所贤之主，是臣之大荣也，臣又何耻乎？臣之所恐者，独恐臣死之后，天下见臣尽忠而身蹶㉕也，是以杜口裹足，莫肯即秦耳。足下上畏太后㉖之严，下惑奸臣之态，居深宫之中，不离保傅㉗之手，终身闇惑，无与照奸，大者宗庙㉘灭覆，小者身以孤危。此臣之所恐耳！若夫穷辱之事，死亡之患，臣弗敢畏也。臣死而秦治，贤于生也。」

秦王跽曰：「先生是何言也！夫秦国僻远，寡人愚不肖，先生乃幸至此，此天以寡人慁㉙先生，而存先王之庙也。寡人得受命于先生，此天所以幸先王而不弃其孤也。先生奈何而言若此！事无大小，上及太后，下至大臣，愿先生悉以教寡人，无疑寡人也。」范雎再拜，秦王亦再拜。

注释

①庭：指宫廷。

②幸：表示尊敬对方的用语。

③跽：古人席地而坐，姿势是双膝着地，臀部坐在自己脚跟上。「跽」是双膝仍然着地，而把上身挺直起来，是一种表示恭敬有所请求的姿势。也称为长跪。

④吕尚：姜姓，吕氏，名尚，字子牙，号太公望。博闻多谋，处殷之末世，不得志，垂钓于渭水之阳，后遇文王辅周灭殷。

⑤文王：姬姓，名昌，生前称周西伯或西伯昌，武王灭殷后追谥文王。遇吕尚于渭水北岸。

⑥太师：商周之际高级武官名，军队的最高统帅。与后世作为太子的辅导官或乐师的「太师」，名同实异。

⑦擅天下：拥有天下。按文王生前未及「擅天下」，也未「身立为帝王」。这里是合文王、武王二人笼统言之。

⑧羁旅：做客他乡。

⑨匡君：纠正君王的偏差错误。

⑩骨肉：这里指宣太后与秦昭王的母子关系。

⑪厉：借作「癞」。

⑫五帝：传说中的上古帝王，指黄帝、颛顼、帝喾、唐尧、虞舜。

⑬三王：指夏、商、周三代的开创者夏禹、商汤、周文王武王。

⑭五伯：即春秋五霸。本文指齐桓公、晋文公、楚庄王、吴王阖闾、越王勾践。

⑮乌获：秦国力士，传说能举千钧之重。秦武王爱好举重，所以宠用乌获等力士，乌获位至大官，年至八十余岁。

⑯奔、育：孟奔（一作贲）、夏育。战国时卫人（一说齐人）。据说孟贲能生拔牛角，夏育能力举千钧，都为秦武王所用。

⑰伍子胥：名员，字子胥，春秋楚人。楚平王杀其父兄伍奢及伍尚，子胥逃奔郑，又奔吴，帮助吴王阖闾即位并成就霸业。

⑱昭关：春秋时楚吴两国交通要冲，在今安徽含山县北。伍子胥逃离楚国，入吴途中经此。

⑲蔆水：即溧水，在今江苏省西南部，邻近安徽省。

⑳蒲服：同「匍匐」。

㉑吴市：今江苏溧阳。

㉒阖庐：吴王阖闾，前五一四至前四九六年在位。

㉓箕子：商纣王的叔父，封于箕（今山西太谷东北），因谏纣王而被囚禁。武王克殷，才得到释放。

㉔接舆：春秋楚隐士，人称楚狂，曾唱《凤兮》歌讽劝孔子避世隐居。

㉕蹶：跌倒。

㉖太后：指秦昭王之母宣太后，姓芈。秦武王举鼎膝部骨折而死，子昭王即位才十九岁，尚未行冠礼，宣太后掌握实权。

㉗保傅：太保、太傅。周代以太师、太傅、太保为三公。这里泛指辅佐国王的大臣。

㉘宗庙：古代帝王、诸侯等祭祀祖宗的处所，引申为王室的代称。

㉙慁：打扰，烦劳。

点评

范雎本是战国魏人，在魏不得意，又遭诬受冤屈，遂入秦献书昭王，昭王悦而召见。本文所记述，是范雎初次入秦游说秦昭王的情形。

范雎要以一个流亡者的身份去反对位尊势大且是秦王至亲的贵族，所以先是唯唯再三，欲言故止，直到秦王一再追问时才以文疏言深试探秦王的真实心意；然后又反复申明自己对秦王忠心耿耿，不避生死，将自己定位在维护秦昭王根本利益的立场上，再引古论今，旁敲侧击，且言且深，渐渐触及要害，揭出秦国现实政治问题的严重性和危险性。全文层层揭示，平地生涛，危言耸听但无不切中要害，集中体现了战国时代策士的文风。

本篇语言上的特点也尤为突出：遣词造句如行云流水，说理委婉而真切生动，仿佛涓涓细流渐润心田；而表白忠心时，又铿锵高亢，一气呵成，势如破竹。就在这滔滔的论说中，成功勾勒出了一位处事严谨、具有雄奇胆略和高超论辩艺术的高士范雎形象，给人留下了深刻的印象。

邹忌讽齐王纳谏（《战国策》）

邹忌①修八尺有余，而形貌昳丽②。朝服衣冠，窥镜，谓其妻曰：「我孰与城北徐公美？」其妻曰：「君美甚，徐公何能及君也？」城北徐公，齐国之美丽者也。忌不自信，而复问其妾，曰：「吾孰与徐公美？」妾曰：「徐公何能及君也！」旦日③，客从外来，与坐谈，问之：「吾与徐公孰美？」客曰：「徐公不若君之美也。」明日，徐公来，孰视之，自以为不如；窥镜而自视，又弗如远甚。暮寝而思之，曰：「吾妻之美我者，私我也；妾之美我者，畏我也；客之美我者，欲有求于我也。」

于是入朝见威王，曰：「臣诚知不如徐公美。臣之妻私臣，臣之妾畏臣，臣之客欲有求于臣，皆以④美于徐公。今齐地方⑤千里，百二十城，宫妇左右⑥莫不私王，朝廷之臣莫不畏王，四境之内莫不有求于王：由此观之，王之蔽甚矣。」

王曰：「善。」乃下令：「群臣吏民，能面刺⑦寡人之过者，受上赏；上书谏寡人者，受中赏；能谤讥于市朝⑧，闻寡人之耳者，受下赏。」令初下，群臣进谏，门庭若市；数月之后，时时而间进⑨；

士生乎鄙野，推选则禄焉，非不得尊遂也，然而形神不全。斶愿得归，晚食以当肉⑩，安步以当车⑪，无罪以当贵⑫，清净⑬贞正⑭以自虞⑮。」则再拜而辞去。

君子曰：「斶知足矣，归真反璞⑯，则终身不辱。」

注释

① 颜斶：战国时齐国隐士。

② 慕势：羡慕权势。

③ 趋士：接近贤士，意为礼贤下士。

④ 柳下季：春秋时著名的高士。姓展名禽，字季，食邑柳下，故称柳下季。谥号惠，又叫柳下惠。

⑤ 自取病：自找苦吃，自讨没趣。

⑥ 游：交往，往来友好。

⑦ 太牢：一牛、一羊、一豕，三牲俱备叫「太牢」。

⑧ 丽都：华美。都，美。

⑨ 太璞不完：把璞弄破，取出玉，这样原来的面貌就不能复完了。喻隐士出仕，就失去了本色。太璞，未经加工的含玉的石头。

⑩ 晚食以当肉：饭吃得晚一点儿，虽没有好吃的，但因为肚子饿了吃起来就香甜，便当是吃肉一样。

⑪ 安步以当车：安闲舒适地散步，便当是乘车。

⑫ 无罪以当贵：不做官就不易获罪，便算是富贵了。

⑬ 清静：远避尘世，不受外界干扰。

⑭ 贞正：纯洁正直的节操。

⑮ 虞：同「娱」。

⑯ 归真反璞：去其外饰，还其本来面目。比喻颜斶辞归，恢复其布衣面目。

点评

本文意在为战国时代新兴的「士」阶层张目。颜斶敢于在大庭广众之下直呼「王前」，并公然在至高无上的「王」面前斩钉截铁地宣称「士贵耳，王者不贵」，充分反映了士阶层在当时历史条件下所表现出来的自信和自尊。

文章以对话展开波澜起伏的情节，反映人物的性格风貌和精神世界，简洁精练，生动到位。颜斶寸步不让地与齐王论辩，针锋相对地舌战齐国群臣，是一个桀骜不驯、敢与王侯分庭抗礼的高士形象。齐王终为颜斶所折服，欲以丰爵厚禄笼络之，而又被颜斶断然谢绝。尾声「归真反璞」，余韵回荡，意味深长。同时，作者几笔便勾画出了齐宣王这个由骄倨、专横转变到惭愧自责的君主形象，从而反衬了颜斶的胜利。

冯谖客孟尝君（《战国策》）

齐人有冯谖者，贫乏不能自存，使人属孟尝君①，愿寄食门下。孟尝君曰：「客何好？」曰：「客无好也。」

曰：「客何能？」曰：「客无能也。」孟尝君笑而受之曰：「诺。」左右以君贱之也，食以草具②。居有顷，倚柱弹其剑，歌曰：「长铗归来乎！食无鱼。」左右以告。孟尝君曰：「食之，比门下之鱼客③。」居有顷，复弹其铗，歌曰：「长铗归来乎！出无车。」左右皆笑之，以告。孟尝君曰：「为之驾，比门下之车客。」于是乘其车，揭其剑，过其友曰：「孟尝君客我。」后有顷，复弹其剑铗，歌曰：「长铗归来乎！无以为家。」左右皆恶之，以为贪而不知足。孟尝君问：「冯公有亲乎？」对曰：「有老母。」孟尝君使人给其食用，无使乏。于是冯谖不复歌。

后孟尝君出记，问门下诸客：「谁习计会，能为文收责④于薛者乎？」冯谖署曰：「能。」孟尝君怪之，曰：「此谁也？」左右曰：「乃歌夫长铗归来者也。」孟尝君笑曰：「客果有能也，吾负之，未尝见也。」请而见之，谢曰：「文倦于事，愦⑤于忧，而性懧⑥愚，沉于国家之事，开罪于先生。先生不羞，乃有意欲为收责于薛乎？」冯谖曰：「愿之。」于是约⑦车治装，载券契⑧而行，辞曰：「责毕收，以何市⑨而反？」孟尝君曰：「视吾家所寡有者。」

驱而之薛，使吏召诸民当偿者，悉来合券。券遍合，起，矫命⑩以责赐诸民，因烧其券，民称万岁。

长驱到齐，晨而求见。孟尝君怪其疾也，衣冠而见之，曰：「责毕收乎？来何疾也？」曰：「收毕矣。」「以何市而反？」冯谖曰：「君云『视吾家所寡有者』。臣窃计，君宫中积珍宝，狗马实外厩，美人充下陈⑪。君家所寡有者以义耳！窃以为君市义。」孟尝君曰：「市义奈何？」曰：「今君有区区之薛，不拊⑫爱

子其民⑬，因而贾⑭利之。臣窃矫君命，以责赐诸民，因烧其券，民称万岁。乃臣所以为君市义也。」孟尝君不说⑮，曰：「诺，先生休矣！」

后期年，齐王⑯谓孟尝君曰：「寡人不敢以先王⑰之臣为臣。」孟尝君就国于薛，未至百里，民扶老携幼，迎君道中。孟尝君顾谓冯谖曰：「先生所为文市义者，乃今日见之。」冯谖曰：「狡兔有三窟，仅得免其死耳。今君有一窟，未得高枕而卧也。请为君复凿二窟。」孟尝君予车五十乘，金五百斤，西游于梁⑱，谓梁王⑲曰：「齐放其大臣孟尝君于诸侯，诸侯先迎之者，富而兵强。」于是梁王虚上位，以故相为上将军，遣使者，黄金千斤，车百乘，往聘孟尝君。冯谖先驱诫孟尝君曰：「千金，重币也；百乘，显使也。齐其闻之矣。」梁使三反，孟尝君固辞不往也。齐王闻之，君臣恐惧，遣太傅赍⑳黄金千斤，文车二驷，服剑一，封书谢孟尝君曰：「寡人不祥㉑，被于宗庙㉒之祟，沉于谄谀之臣，开罪于君，寡人不足为也。愿君顾先王之宗庙，姑反国统万人乎？」冯谖诫孟尝君曰：「愿请先王之祭器，立宗庙于薛。」庙成，还报孟尝君曰：「三窟已就，君姑高枕为乐矣。」孟尝君为相数十年，无纤介㉓之祸者，冯谖之计也。

注释

① 孟尝君：姓田，名文，孟尝君为其号，齐威王之孙，袭其父田婴之封邑于薛，因此又称薛公。与平原、信陵、春申三公子以地名称君者同例。

② 草具：指粗劣的食物。

③鱼客：孟尝君分食客为上中下三等，下客住传舍，食菜；中客住幸舍，食鱼，故又称鱼客；上客住代舍，食肉，出有舆车，故又称车客。

④责：同债。

⑤愦：昏乱。

⑥懧：同「懦」。

⑦约：缠束，这里指把马套上车。

⑧券契：指放债的凭证。券分为两半，双方各执其一，履行契约时拼而相契合，即下文所说「合券」。

⑨市：购买。

⑩矫命：假托命令。

⑪下陈：堂下，台阶之下。

⑫拊：同「抚」。

⑬子其民：视其民为子。

⑭贾：求取。

⑮说：同「悦」。

⑯齐王：指齐湣王田地（一作田遂）。

⑰先王：指湣王之父宣王田辟彊。

⑱梁：即魏国。当时都大梁（今河南开封）。

⑲梁王：此梁王，当是惠王之子或孙。

⑳太傅：春秋时晋国始置，其职为辅弼国君。

㉑祥：通「详」，审慎。

㉒宗庙：古代祭祀祖先的处所。这里借指祖先。

㉓纤介：介通「芥」。纤维草芥，喻细微。

点评

本文记述孟尝君门下奇士冯谖的故事。开头以「贫乏不能自存」一句简单交代了冯谖的寒微身份后，详写冯谖三番弹铗，长歌牢骚，一位豪放自信、不甘寂寞而又不乏幽默感的门客形象便跃然纸上。要求满足后，他知恩图报，为孟尝君设计经营「三窟」，尽心竭力维护孟尝君的政治地位和利益，又体现了他深谋远虑、纵横捭阖的一面，充分显示了冯谖卓越的政治远见和内政外交才能。

文章立意高妙，情节奇崛生动；善于蓄势储能，迭造悬念，以欲扬先抑、欲露先隐的手法，使全文波澜层出，姿态横生，引人入胜。